Warum es auch Männer nicht leicht haben

10 ausgewählte Männerprobleme und Wege zur Lösung

© 2014, Madame Missou

1. Auflage, April 2014

ISBN-13: 978-1497579118

ISBN-10: 1497579112

Madame Missou wird vertreten durch die

Maracuja GmbH, Laerheider Weg 13

47669 Wachtendonk

info@madamemissou.de

www.madamemissou.de

Inhaltsverzeichnis

1. Einleitung

„Männer haben's schwer, nehmen's leicht. Außen hart und innen ganz weich. Werden als Kind schon auf Mann geeicht - Wann ist ein Mann ein Mann?"

Mit seinem Songtext über „Männer" wagt sich Herbert Grönemeyer in die mysteriöse Welt des „Phänomens Männlichkeit": Männer zeigen Stärke, suchen aber auch Zärtlichkeit, Männer haben Probleme, reden aber nicht immer darüber – und vor allem: Männer werden nicht als Männer geboren, sondern erst im Laufe ihres Lebens dazu. Mit allen Klischees, Verallgemeinerungen, Songtexten und Witzen über Männer wird dabei vermittelt, es gäbe ihn tatsächlich: „Den" Mann. Doch sehen Sie sich in Ihrem Bekanntenkreis, Ihrer Familie und an Ihrem Arbeitsplatz um: Sind sich Männer wirklich so ähnlich? Trinken sie alle nur Bier, essen Fleisch, schauen Fußball und kratzen sich im Schritt? Es ist klar: Kein Mann gleicht dem anderen, und das soll auch in diesem Ratgeber anerkannt werden. Ob Mann oder Frau - unsere Sozialisation, unsere Erziehung und unsere Erfahrungen lassen uns zu Unikaten werden, die nicht in eine „Geschlechterschublade" passen. Aber trotzdem verbindet Männer in unserem System der Zweigeschlechtlichkeit eines: Sie sind biologisch männlich und wachsen deshalb männlich auf. Das heißt, dass an sie völlig unterschiedliche gesellschaftliche und private Erwartungen gestellt werden als an Frauen und dass durch geschlechtsspezifische Erziehung und Sozialisation eben doch bestimmte männliche Probleme entstehen können – die aber nie auf jeden Mann in gleicher Weise zutreffen. Sehen Sie diesen Ratgeber daher als Potpourri aus unterschiedlichen Erfahrungen, Sichtweisen und möglichen Hindernissen und suchen Sie sich genau diese Aspekte heraus, die Sie persönlich betreffen. Madame Missou zeigt zum einen

„typisch männliche" Hürden einer Biografie auf und gibt Erklärungsansätze und Lösungsmöglichkeiten für Fragen wie:

- Warum hat es nicht nur die Frau während einer Schwangerschaft schwer? Welche Konflikte können den Mann erwarten – und warum hat auch er Verständnis verdient?
- Wie können Sie sich auf Ihre Vaterrolle vorbereiten und wie viel Tradition steckt in der modernen Vaterrolle überhaupt noch?
- Wo bleiben Sie und Ihre Partnerin als Paar, wenn das Kind da ist – und wie können Sie Ihre Leidenschaft und Zweisamkeit am lodern erhalten?
- Warum leiden auch Männer unter dem Druck der Schönheit und welche körperlichen Tücken warten auf ihn, wenn er altert?
- Was hat es mit dem Mythos Midlife-Crisis auf sich, wie können Sie ihn erkennen und was dagegen tun?
- Was macht einen guten Liebhaber aus und welche Ideen können die Sexualität neu beleben?
- Warum haben es Männer gerade in der Sexualität etwas schwerer als Frauen – und wie gehen Sie mit Frustrationen wie frühzeitiger Ejakulation und fehlender Erektion um?
- Ist der Mann tatsächlich „ein schweigsames Wesen" und warum kommunizieren Männer anders als Frauen?
- Wie unterschiedlich sind Männer und Frauen denn nun – und wie lassen sich diese Unterschiede, aber auch Gemeinsamkeiten nutzen?

Im Anschluss bietet Ihnen Madame Missou einen kurzen Einblick in das Wunderwerk Männlichkeit: Erfahren Sie interessante Fakten über die männliche Biologie, männliche Hierarchien in der Soziologie und die psychodynamische Entwicklung zum Mann – so wird auch der mysteriöse Ödipus-

Komplex entschleiert. Dass Männlichkeit nicht (nur) vom Testosteron bestimmt wird und dass das Y-Chromosom alleine nicht für „den Mann" verantwortlich ist, wird die Autorin dabei ebenso aufzeigen.

Finden Sie Inspiration und Motivation zu zahlreichen Fragen des Männerlebens. Viel zu lange hat sich die einschlägige Literatur auf die Sorgen der Frauen konzentriert und dabei männliche Schwierigkeiten hinten an gestellt. Natürlich: Frauen haben es schwer im Leben, aber Männer eben auch – nur anders. Und vor allem treffen Männer seltener auf Verständnis in ihrem privaten Umfeld: Schwangerschaft, Mutterrolle oder das Alter sind Themengebiete, in denen die Damen dieser Welt mit ihrer Freundin oder Mutter sprechen können und die in unzähligen Zeitschriften und Ratgebern aufgegriffen werden. Jetzt ist es an der Zeit, dass der Mann sein verdientes Verständnis einfordert – für *seine* Probleme.

PS: An all die mitlesenden Frauen: Ganz sicher können Sie Ihren Liebsten auch besser verstehen, wenn Sie sich mit Madame Missou auf eine Reise in die Welt der Männlichkeit begeben.

PPS: Am Ende des letzten Kapitels finden Sie weiterführende Literaturhinweise, auf die sich Madame Missou bezieht und in die Sie sich vertiefen können.

Und nun viel Spaß beim Lesen in den nächsten gut 45 Minuten wünscht Ihnen,

Ihre Madame Missou

2. Konflikte eines Männerlebens - und Wege zur Lösung

2.1 Wenn sie schwanger ist: Wer kümmert sich um ihn?

Schwangere haben es – trotz aller Widrigkeiten wie Gewichtszunahme, Hormonstörungen oder Wassereinlagerungen – wirklich gut: Nutzt eine Hochschwangere die öffentlichen Verkehrsmittel, erhält sie sofort einen Sitzplatz, leidet sie unter Stimmungsschwankungen, werden diese aufgrund ihrer Hormonschwankungen akzeptiert, und bei Sorgen und Ängsten jeder Art findet sie Unterstützung im persönlichen Umfeld, in der medialen Darstellung oder in zahlreichen Ratgebern. Zugegeben: Das haben Schwangere auch verdient – schließlich ist eine Schwangerschaft kein Ponyhof und das Wunder des Lebens muss gebührend zelebriert werden. Doch mal ganz ehrlich: Wo bleibt in dieser Atmosphäre von Verständnis und Mitgefühl der werdende Vater?

Auch wenn Frauen den biologischen Hauptteil der kommenden Elternschaft übernehmen, ist und bleibt der Vater ein genauso wichtiger Teil für die Entwicklung und das Leben eines Kindes. Schnell wird übersehen, dass eine Schwangerschaft auch einen Mann belastet, u. A auch weil sich eben alles um die Mutter dreht. Wie Sie später in dem Kapitel über die psychodynamische Entwicklung eines Jungen lesen werden, besteht zwischen einer Mutter und ihrem Kind – auch während der Schwangerschaft – eine unersetzliche Symbiose, die die beiden vor allem zu Beginn des Abenteuers Elternschaft zusammen schweißt. Schnell kann sich der Mann schon während er Schwangerschaft ausgeschlossen fühlen: Der Bauch der Mutter wird größer und größer, sie erlebt vielfältige anstrengende und schöne Seiten der körperlichen Veränderung und ist ihrem Kind näher, als es der

Vater je sein kann. Möglicherweise wird sie während dieser Zeit auch verletzlicher und sensibler, wodurch ihr Umfeld nur umso mehr Verständnis für sie hat. Da darf natürlich kein Mann meckern oder sich in den Vordergrund drängen – schließlich nimmt „sie" die ganze Mühe auf sich.

Falsch! Männer dürfen meckern, sie dürfen sich belastet oder unsicher fühlen und sie müssen das sogar artikulieren. Ihre Aufgabe als Mann während einer Schwangerschaft besteht nicht nur darin, einen Geburtsvorbereitungskurs mit ihr zu besuchen oder einschlägige Ratgeber zu verschlingen (aber auch das gehört dazu!). Ein zentraler Bestandteil, um emotional gefestigt und als Paar verbunden in die Elternschaft zu starten, besteht darin, schon vor der Geburt zu einem stabilen Team zu werden. Deshalb gilt es, sich als Mann bemerkbar zu machen: Sie wünschen sich auch andere Gesprächsthemen als die Schwangerschaft und das Kind? Sie fühlen sich ausgeschlossen und wissen nicht, was in Ihrer Frau vorgeht? Sie haben Angst, den eigenen Ansprüchen als Vater nicht gerecht zu werden oder schon bei der Geburt überfordert zu sein? Dann ist es nicht nur Ihr Recht, sondern Ihre Pflicht, Ihre Frau in Ihre Gedanken einzuweihen. Auch wenn sie der Dreh- und Angelpunkt der Schwangerschaft ist, dürfen Sie auf Ihrer wichtigen Rolle als Vater, Partner, Freund und Unterstützer beharren und auch um Verständnis bitten.

Wenn also Ihre Partnerin durch Schwangerschaftssorgen abgelenkt ist, ihren gesamten Fokus auf das Kind legt und sich scheinbar die ganze Welt um sie dreht - machen Sie in einem ruhigen Gespräch auf Ihren eigenen Standpunkt aufmerksam. Dabei sollten Sie allerding Prioritäten setzen:

1. Ihre wichtigste Aufgabe während der Schwangerschaft ist es, ein umsorgender Partner und Vater zu sein. Ihre Partnerin braucht Ihre Unterstützung, Ihr Verständnis und Ihren Rückhalt. Zeigen Sie hier bereits, dass Sie Ihre Vaterschaft ernst nehmen und einen festen Platz in der Triade von Mutter-Vater-Kind einnehmen werden.
2. Neben Ihrem bemühten Vaterwerden dürfen Sie aber auch sich selbst nicht vergessen. Legen Sie daher auch Ihr Augenmerkt auf die eigenen Bedürfnisse und melden Sie Ihrer Partnerin deutlich, wenn Sie Sorgen haben.

Sie sehen also: Zwei Dinge in Ihrer Rolle während der Schwangerschaft sind von großer Bedeutung. Zum einen die Priorität auf Ihren Aufgaben als Vater und Partner, zum anderen aber auch die Offenheit und der Mut, das Verständnis der werdenden Mutter zu suchen. Planen Sie gemeinsame Abende, an denen Sie das Thema „Kind" einmal in den Hintergrund rücken und sich als Paar wahrnehmen. Seien Sie stets präsent, aber vergessen Sie Ihre – in der Schwangerschaft natürlich etwas eingeschränkten – Freiräume nicht. Sport machen, Freunde treffen oder auch einmal auszuschlafen, statt der Mutter ein Frühstück ans Bett zu bringen, setzen bei Ihnen neue Energien frei, die Sie in Ihren Pflichten wieder einsetzen können.

Zum Thema Schwangerschaft interessiert Männer häufig noch ein Thema ganz besonders: Was ist mit der Intimität? Lässt sich Sex körperlich mit allen Phasen der Schwangerschaft vereinbaren? Wie können Sie Ihre Frau sensibel auf Ihre Bedürfnisse aufmerksam machen, ohne als triebgesteuerter Egoist zu gelten? Natürlich werden Sie als einfühlsamer Partner nicht nur an „das Eine" denken, wenn Ihre Liebste mit wachsendem Kugelbauch und psychischem Stress durch den Alltag wandelt - aber die Sehnsucht nach Intimität verschwindet nicht einfach mit einer Schwangerschaft, zum Glück!

Es ist ein sehr schmaler Grat zwischen der berechtigten Artikulation eigener Bedürfnisse und dem egoistischen Pochen auf vermeintlichen Rechten. Schnell fasst die Dame Ihres Herzens Ihr Anliegen falsch auf und Sie trauen sich gar nicht mehr, das Thema anzusprechen. Folgender Wortwechsel sollte daher unbedingt vermieden werden:

„Sag mal, geht es jetzt schon nur um das Kind? Wir hatten seit Wochen keinen Sex mehr, das geht mir auf den Geist." – „Dir geht das auf den Geist? Ich werde von Tag zu Tag dicker, meine Füße tun weh und du denkst nur an das Eine – du kannst mich mal!"

Klingt zwar überspitzt, aber kommt so regelmäßig zwischen werdenden Eltern vor. Denn häufig verändert sich „sein" Drang nach Intimität kaum, während „sie" einfach von anderen (körperlichen oder psychischen) Belastungen geplagt ist. Die Schwangerschaft fordert deshalb mehr Einfühlungsvermögen, wenn Sie Ihre gemeinsamen Stunden als Paar aufrecht erhalten wollen: Seien Sie charmant und geschickt. Ihre Partnerin trotz schmerzender Füße plötzlich zu begrapschen, bringt sie garantiert nicht in Stimmung. Sorgen Sie daher vor allem für Ihre Entlastung: Übernehmen Sie das Kochen und das Geschirr spülen am Abend, gönnen Sie Ihr eine Massage und lassen Sie es langsam angehen. Je mehr Last Sie von Ihren Schultern nehmen, desto mehr Nähe entsteht zwischen Ihnen als Paar und Ihre Partnerin kommt von ganz alleine auf die Idee, den Abend mit etwas Leidenschaft ausklingen zu lassen. Doch – wie Sie sich sicher denken können – lässt sich auch durch das charmanteste Verhalten keine Lust produzieren, wenn sich Ihre Partnerin einfach nicht danach fühlt. Nehmen Sie Ihre Ablehnung also ernst, aber nicht persönlich – auch diese Phase geht vorbei! Aber vielleicht gehören Sie auch zu den glücklichen Männern, deren Partnerin während der Schwangerschaft durch ihre Hormone gar nicht mehr Ihre Finger von Ihnen lassen kann – das gibt es auch.

Oder Sie befinden sich „auf der anderen Seite" und fühlen sich aus Angst, dem Baby zu schaden, in der Sexualität zu Ihrer Partnerin gehemmt? Vielleicht bekommt der oder die Kleine etwas mit von Ihrem Liebesspiel? Oder heftiger Sex könnte das Kind gefährden?

Hier kommt die gute Nachricht: Sex ist grundsätzlich alles andere als riskant während der Schwangerschaft, sowohl für das Kind als auch für die Schwangere selbst. Lassen Sie gemeinsam beim Frauenarzt abklären, ob mögliche Risikofaktoren oder Beeinträchtigungen vorliegen - mit dem ärztlichen Okay können Sie sich dann weiterhin entspannt Ihren Liebesnächten widmen. Beachten Sie jedoch, dass gerade in der Anfangszeit der Schwangerschaft häufig Übelkeit und Müdigkeit die Sexlust der Schwangeren verringern können, jedoch ist diese Phase nach einigen Wochen meistens vorüber. Auch während der Schwangerschaftsbauch wächst, brauchen Sie sich nicht zu sorgen: Egal wie gut Sie ausgestattet sind, Sie können das Kind nicht berühren oder stören. Wenn keine Risiken vorliegen, steht hemmungslosen Nächten also nichts im Wege - das Baby bekommt von dem nichts mit (höchstens in positiver Weise durch den glücklichen Hormonrausch der Mutter) und ist gut gepolstert verstaut. Mit einem großen Kugelbauch eignen sich die Doggy- oder die Löffelchenstellung, um auch die letzten Wochen der Schwangerschaft noch zu zweit genießen zu können.

Ein weiteres Phänomen will Madame Missou an dieser Stelle nicht unerwähnt lassen: Einige Männer neigen während der Schwangerschaft ihrer Partnerin dazu, selbst weniger Lust auf Sex zu spüren. Diese Entwicklung hat einen evolutionären

Zweck, da hierdurch das Risiko auf sexuellen Betrug verringert wird. Machen Sie sich also keine Sorgen, wenn Ihre Zeit als wilder Hengst für einige Monate ruhiger wird - nachdem das Kind da ist und Sie beide sich eingespielt haben, wird mit etwas Engagement und guter Planung auch das Leben als Paar wieder erfüllend werden. Wichtig ist dabei immer, dass es um Sie beide geht, Sie und Ihre Partnerin: Weder sollte die Frau nur die Schwangere sein, noch sollte der Mann sich nur noch als werdenden Papa sehen. Finden Sie die richtige Mischung aus Vater- und Partnergefühlen, äußern Sie Ihre Bedenken und Sorgen klar und bleiben Sie mit Ihrer Partnerin fest vereint, um eine gute Stütze für das neue Leben sein zu können.

2.2 Autoritär oder freundschaftlich: Die Vaterrolle

Die Zeit der Schwangerschaft ist vorüber, das neue Leben endlich da. Nun geht es richtig an den Speck: Sie sind Vater. Doch was für ein Vater möchten Sie sein?

Verhalten, Selbstbild und Engagement moderner Väter haben sich zwar weit weg bewegt von der veralteten Tradition, jedoch sind einige Dinge im Durchschnitt immer noch wie vor fünfzig Jahren: Der Mann ist in den überwiegenden Fällen der Hauptverdiener oder sogar der einzige Ernährer der Familie. Das bedeutet, dass auch auf Sie womöglich eine Doppelbelastung zukommt: Vater sein und einer Vollzeitbeschäftigung nachgehen. Eine aktuelle Forsa-Umfrage hat bestätigt, dass drei Viertel aller Männer der Hauptverdiener der Familie sind. Die Umfrage hat jedoch auch andere Fakten ergeben, die den werdenden Vater etwas in Angst und Schrecken versetzen können:

- Fast 40 % der Väter geben an, „kaum noch Zeit für sich zu haben" und „sich manchmal völlig überfordert" zu fühlen
- Nur jeder Zweite tobt oder schmust mit dem Kind gerne und viel
- Nur 58 % stehen nachts bei Babygeschrei auf
- Nur 27 % teilen sich den Haushalt mit der Partnerin halb/halb, während 52 % sich „zu einem kleinen Teil" nützlich machen

Eines ist klar: Wenn Sie Vollzeit beschäftigt sind, wird es fast unmöglich, den Haushalt und die Erziehung mit Ihrer Partnerin 50/50 zu teilen, wenn diese zu Hause bleibt. Aber möchten Sie ein Vater sein, der mit seinem Kind nur selten schmust? Der es nachts nicht tröstet, wenn es weint? Oder der nur einen kleinen Teil im Haushalt beiträgt, als würde er noch bei seinen Eltern wohnen?

Frauen erwarten von Männern keine übermenschliche Leistung. Sie sollen nicht acht Stunden arbeiten, um den Rest des Tages ausschließlich mit Haushaltsaufgaben zu verbringen. Aber eines sollten Sie tun: Im Voraus planen, welche Rolle Sie in der Familie erfüllen möchten und welche Zeitaufteilung tatsächlich gerecht ist. Denn nicht nur Sie sind nach einem langen Arbeitstag erledigt – auch ihre Partnerin wird ausgelaugt sein, wenn Sie sich Tag und Nacht um Kind und Haushalt kümmert. Jedes Paar muss daher individuell aufteilen, welchen Anteil bei wem die Erwerbsarbeit und der Haushalt einnimmt, sodass Sie beide genügend Zeit haben, „Quality-Time" miteinander und dem Kleinen zu verbringen.

Emotional wichtiger als die Frage nach Planung von Arbeit und Haushalt ist jedoch Ihre zentrale Funktion als Vater. Wenn die Schwangerschaft schon zu einem Großteil in der Verantwortung der Frau liegt, sollte doch zumindest die Elternschaft 50/50 aufgeteilt sein – pures Teamwork eben! Stellen Sie sich daher zu Beginn Ihrer Vaterschaft die wichtige Frage: Welcher Vater möchten Sie **nicht** sein?

Diese Negativ-Formulierung ist deutlich einfacher zu beantworten als die Frage, welcher Vater Sie denn nun sein möchten. Erinnern Sie sich an Ihre Kindheit: Was hätten Sie sich von Ihrem Vater gewünscht? Was hat er Ihres Erachtens falsch gemacht? Wie viel Strenge braucht ein Vater tatsächlich? Und ist es nicht auch wichtig, dass Sie Ihrem Kind Ihre Schwächen zeigen, statt immer „der Starke" zu sein?

Malen Sie vor Ihrem inneren Auge vorab ein Bild von sich selbst als Vaterfigur. Sinnieren Sie darüber, welche Werte und Eigenschaften Sie an Ihr Kind weiter geben möchten und wie Sie Ihre Bindung so eng eingehen, dass es später einmal mit seinen Sorgen zu Ihnen kommen kann. Auch wenn die kindliche

Beziehung zur Mutter eine besondere Stellung einnimmt – Ihre Funktion als Vater ist genauso wichtig. Profan gesagt: Haben Sie einen Sohn, so werden Sie ein Leben lang als männliches Vorbild für ihn gelten (positiv oder negativ) und haben Sie eine Tochter, wird diese die Männer in Ihrem späteren Leben an Ihnen messen (mehr dazu im Kapitel über Psychodynamik). Nehmen Sie sich also ernst als wichtiger Motor des Familienlebens. Suchen Sie sich Ihren Platz bei der Mutter und Ihrem Kind und werden Sie zu einem starken Dreierteam.

2.3 Windeln & Weinen: Trotz Kind die Beziehung leben

Schließlich bleibt noch eine wichtige Frage zu klären, wenn es um die Belastungen von Elternschaft, Arbeit und Haushalt geht: Was ist eigentlich mit Ihnen beiden als Paar? Müssen Sie jetzt völlig zurück stecken und haben gar keine Zeit mehr füreinander?

Ein weiteres Ergebnis der bereits erwähnten Forsa-Umfrage zeigt (leider), dass 63 % aller frisch gebackenen Väter weniger Sex haben als vor dem Kind und der Schwangerschaft. Kein Wunder - Erziehung, Liebe, Windeln, Weinen, Schreien und Schmusen sind zeitintensive Anforderungen, die von nun an zusätzlich an Sie gestellt werden. Selbstverständlich müssen Paare dann in gewissen Bereichen zeitlich zurückstecken - mit ein wenig Planung können Sie jedoch dafür sorgen, dass sich diese Kompromisse in einem zufrieden stellenden Rahmen bewegen und die Zeit zu Dritt jeden von Ihnen glücklich macht. Ich kann Ihnen folgende Ratschläge geben, um die Zeit als Paar besser zu organisieren:

- Besprechen Sie Ihr künftiges Zeitmanagement am besten schon vor der Geburt. Wer leistet wie viele Stunden Erwerbsarbeit? Wie wird der Haushalt aufgeteilt? Wann steht Mama und wann steht Papa nachts auf, wenn das Kleine weint? Wie viel Freiraum bleibt Ihnen am Abend, wenn das Kind erst einmal eingeschlafen ist?
- Lassen Sie nach der Entbindung Chaos zu: In den ersten Wochen zu Dritt wird nicht immer alles nach Plan laufen, so viel ist sicher. Wenn einmal alles drüber und drunter geht, Sie am Anfang wegen des nächtlichen Aufstehens genervt sind und Ihre Frau sich noch körperlich von der Geburt erholt - kämpfen Sie sich durch diese Zeit. Gewöhnen Sie

sich an neue Aufgaben und an neue Herausforderungen, ohne sich dabei selbst zu überfordern. Eltern sind nicht perfekt, vor allem nicht am Anfang! Lassen Sie diese Probezeit zu, um sich selbst im neuen Tagesablauf einzufinden. Nach einigen Wochen der Übung stellen sich Routinen ein, sodass Sie das Glück zu Dritt so langsam genießen können.

- Wenn die erste Phase nach der Geburt überstanden ist: Machen Sie einen gemeinsamen Paar-Abend mit Ihrer Partnerin und resümieren Sie. Was fällt Ihnen noch schwer in Ihrer Vaterrolle, wo sehen Sie Konfliktpotential in Ihrer Partnerschaft? Brauchen Sie mehr Freiraum, braucht Ihre Partnerin auch einmal eine Pause, oder möchte einer von Ihnen mehr Zuneigung? Konzentrieren Sie sich ganz auf sich beide als Paar.

- Vereinbaren Sie für die Zukunft klare Kind-Zeiten, in denen das Kleine im Mittelpunkt steht (was wohl einiges an Zeit verschlingen wird, dafür wird das aufdringliche neue Leben schon sorgen!). Vereinbaren Sie aber genauso Paar-Zeiten, in denen es schläft oder bei Oma, Opa, Tante, Onkel oder dem Schwipp-Schwager gut untergebracht ist. Versuchen Sie, zumindest zwei Stunden pro Woche einer schönen gemeinsamen Beschäftigung mit Ihrer Partnerin nachzugehen. Sei es ein gemeinsames Bad, ein Spaziergang, Kochen oder Schach spielen: Mit einem gut geplanten Rahmen, der nur Ihnen beiden zur Verfügung steht, halten Sie Ihre Bindung aufrecht. Vielleicht fällt es Ihnen als Eltern schwer, auch nur wenige Stunden auf das Kleine zu verzichten, das ist völlig normal und ein wunderbares Gefühl! Vergessen Sie allerdings nicht, dass sich die Welt auch um die Paarliebe dreht - und diese muss am Leben gehalten werden, sodass Sie nicht „nur noch Mama und Papa" sind.

Sie sehen: Es ist nicht einfach, alles unter einen Hut zu bekommen - von Arbeit über Sex bis zum Kind oder den eigenen Gefühlen und denen der Partnerin. Mit einer gelingenden Kommunikationskultur, die Sie durch die obigen Ratschläge verbessern können, können Sie jedoch als Familie und als Paar wachsen, ohne sich aus den Augen zu verlieren.

2.4 Frau leidet unter Schönheitsidealen - Mann auch!

Egal ob Vater, Ehemann, Partner oder Single: Schönheitsideale beeinflussen jeden (mehr oder weniger). Frauen werden schon seit Jahrhunderten - uns insbesondere seit Jahrzehnten, wenn es um den zunehmenden Einfluss der Medien geht - auf Ihr Äußeres reduziert. Ein schlanker Körper, jugendliches Aussehen, lange Haare, ein makelloses Gesicht und lange Beine - fertig ist die perfekte Hülle, jedenfalls was das durchschnittliche ästhetische Empfinden der Betrachtenden angeht. Dass diese Welle der Schönheitsideale nun auch mehr und mehr auf Männer übergreift, macht die Geschichte des kulturellen Schönheitsdrucks leider nicht fairer, sondern nun für jeden von uns ungerecht. Während in der Vergangenheit traditionelle Werte wie Geld, Macht, Ruhm, Stärke und Durchsetzungsfähigkeit den „Prototyp Mann" attraktiv auf das andere Geschlecht haben wirken lassen, nehmen diese Attribute heute an Wichtigkeit ab. Selbstverständlich: Macht oder Ausstrahlung sind nach wie vor Merkmale, die zumindest gewisse Frauen anziehen. Aber eines ist klar: Der moderne Mann kann nicht den ganzen Tag auf dem Sofa liegen und seine Rückenhaare beim Wachsen beobachten (Wäre auch schwierig!) und dann erwarten, auf die Damen der Welt - oder die Gesellschaft allgemein - attraktiv zu wirken. Schönheitsideale wirken - auch wenn wir es nicht immer wahrhaben wollen. Der ständige Wahn des Perfektionismus, der Bereiche wie Altern, Arbeit und Familienmanagement eingenommen hat, greift auch in den Schönheitsidealen verstärkt. Männlichkeit wird gesellschaftlich eben nicht mehr nur mit einer sozialen Stellung oder Charaktereigenschaften assoziiert, sondern vermehrt auch mit dem Aussehen.

Studien beweisen es: Frauen stehen auf schöne Männer. Dabei betonen jedoch viele, dass sie auch Abweichungen vom gängigen Ideal bei ihrem Partner nicht stören, schließlich mache ein Waschbärbauch oder das schüttere Haar die Liebe nicht schmäler. Von Liebe will Madame Missou in diesem Kapitel auch nicht sprechen - sondern vom ersten Eindruck, der zählt, und von der ewig steigenden Messlatte, die an das Äußere von Menschen - auch von Männern - gestellt wird.

Wie sieht also der schöne Mann aus? Durchschnittlich sind hier einige Merkmale zu nennen, die auf Betrachter und Betrachterinnen besonders attraktiv wirken:

- Leicht gebräunte Haut
- Glatte Haut (In der Tat - Falten machen Männer im Schnitt nicht attraktiver!)
- Ein schmales Gesicht mit einem markanten Unterkiefer und markanten Wangenknochen
- Fülliges Haar
- Groß, schlank, sportlich - am besten mit einem typisch männlichen V-förmigen Kreuz

Und ebenso wie beim weiblichen Schönheitsideal gilt auch bei dem männlichen: Kaum ein Mann entspricht dem kulturellen Inbegriff von Ästhetik. Ich könnte Ihnen an dieser Stelle die üblichen Ratschläge geben, die beim Hadern mit dem eigenen Aussehen helfen können: Steigern Sie Ihr Selbstbewusstsein, überzeugen Sie mit inneren Werten, peppen Sie sich äußerlich durch einen individuellen Kleidungsstil aus und befreien Sie sich von äußeren Zwängen. Leichter gesagt als getan! Das eigene Selbstbewusstsein zu trainieren, ist dabei der wichtigste Schritt - passende Ratgeber dazu helfen auch dem männlichen Selbstbild auf die Sprünge. Doch ein ganz pragmatischer Tipp kann - weg von Fragen der inneren Einstellung und Selbstwertschätzung -

helfen, auch äußerlich zu überzeugen: Es ist zwar nachgewiesen, dass Menschen im Rahmen des Schönheitsideals auf andere am attraktivsten wirken, jedoch spielt die Gesundheit eine genau so wichtige Rolle. Unbewusst registrieren wir bei unserem Gegenüber, ob männlich oder weiblich, kleinste Details, die auf dessen Gesundheitszustand schließen lassen: Hautteint, Fettanteil, glänzendes Haar, eine offensive Körperhaltung. Evolutionär bedingt bewerten wir damit auch jene Menschen, die gesund und fit wirken, attraktiver als andere - einfach, weil sie in der Geschichte der Menschheit als überlebensfähiger gelten (Darwin und sein „survival of the fittest" lassen grüßen!). Und bei dieser gesunden Ausstrahlung geht es nicht um das Six-Pack oder schütteres Haar, sondern um eine gesunde Lebensweise. Wer Sport treibt, auf den täglichen Big Mac verzichtet und vielleicht sogar das Rauchen aufgibt, wirkt auf den ersten Blick anziehender. Also, worauf warten Sie? Machen Sie Ihre krumme Nase mit genügend Selbstbewusstsein weg und locken Sie die Damen in Ihrer Umgebung mit einem gesunden Körper an - mehr braucht es nicht, und schon gar nicht der Entsprechung einer vermeintlich perfekten Hülle.

2.5 Glatze & Bierbauch: Wenn sein Körper altert

Sobald biografische Hürden wie die Schwangerschaft der Partnerin, das Großziehen der gemeinsamen Kinder, der Einstieg in den Beruf und das Einfinden in die erwachsene männliche Rolle genommen sind, wartet im Leben eines Mannes ein weiterer Gegner, dem er sich stellen muss: Das Alter. Es äußert sich in körperlichen psychischen Veränderungen, die nicht erst mit 90 - also im wirklich hohen Alter - sondern bereits schon mit 30 beginnen, wenn uns die fortschreitende Alterung erst bewusst wird. Wenn der Sex nicht mehr so heiß und leidenschaftlich ist wie Anfang 20, wenn der Rucksack-Urlaub durch Irland gegen das Entspannungswochenende an der Ostsee getauscht wird und wenn plötzlich die meisten Menschen in der Umgebung, ob Lehrerin des Sohnes oder der Sportmoderator, jünger sind als Sie selbst, müssen Sie sich eingestehen: Die wilden Jahre sind vorbei - zumindest ganz offiziell (was Sie daraus machen, hängt natürlich von Ihnen ab! Dazu aber später mehr). Während sich Frauen mit Cellulitis, Falten und der Schwerkraft auseinandersetzen müssen, trifft es Männer häufig auf dem Kopf und am Bauch am stärksten. Die Glatze und der Bierbauch sind die Inbegriffe des körperlichen Alterungsprozesses des Mannes.

Dabei ist ein höheres Alter keinesfalls eine Voraussetzung für die Glatzenbildung: Bei jedem zweiten Mann beginnt der Haarausfall bereits in den 30ern und im höheren Alter bleiben nur 25% davon verschont. Die häufigste Ursache ist dabei der erblich bedingte Haarausfall: Aufgrund der genetischen Veranlagung können die Haarfolikel besonders empfindlich auf ein Nebenprodukt bei der Testosteronproduktion reagieren, wodurch sich die Wachstumsphase der Haare verkürzt und der Ausfall beginnt. Die Erforschung der Ursachen und Gegenmittel für Betroffene von Glatzen hat jedoch noch nicht alle Hintergründe dieses Prozesses beleuchtet, weshalb es kein

Wundermittel gegen eine Glatzenbildung gibt. Obwohl es im Internet, in der Apotheke und den Medien gerne angepriesen wird: Es wurde bisher kein Shampoo entwickelt, dass auf wundersame Weise ihr fülliges Haar wieder herstellt. Weder Koffein noch Nahrungsergänzungsmittel oder der Klettenwurzelextrakt konnten in ihrer medizinischen Wirkung bestätigt werden - sie können lediglich den Haarausfall leicht verlangsamen. Im schlimmsten Falle bleibt daher die Haartransplantation die letzte Lösung, jedoch nur wenn genügend Haare dafür im Nackenbereich vorhanden sind - sonst muss es das gute alte Toupet tun.

Das bedeutet für die meisten Männer, die unter einer Glatze zu leiden haben und nicht auf unnatürlich wirkende Haarteile zurück greifen wollen: Sie müssen sich damit abfinden. Dabei sind die Glatzenträger unserer Welt gar nicht mal so schlecht dran: In Studien wurde nachgewiesen, dass Glatzen Männer männlicher wirken lassen. Von ihrem Umfeld werden sie nämlich dominanter und stärker wahrgenommen und strahlen zusätzlich eine durchsetzungsfähige Reife aus. Bevor Sie also kunstvolle Frisuren ausprobieren, durch die Sie Ihr lichtes Haar verdecken könnten, oder zweifelhafte Wunderprodukte aus dem World Wide Web bestellen: Wagen Sie den Schritt und probieren Sie eine Kopfrasur aus. Denn mal ehrlich: Wirkt ein intaktes Selbstbewusstsein und die offensive Demonstration ihres kahlen Schädels nicht viel männlicher als ein paar Härchen da oben?

Wenn Sie zu den glücklichen Glatzenlosen gehören und sich vielleicht schon in einem Alter jenseits der 50 bewegen, könnte Sie ein anderes Männerphänomen beschäftigen: Der Bierbauch. Drei Viertel aller Männer über 55 tragen ihn mit sich herum, in unterschiedlichsten Größen und Ausmaßen. Doch - um von Anfang an den richtigen Wortlaut zu wählen - eigentlich handelt es sich hier um nichts anderes als einen Fettbauch, denn mit Bier hat er recht wenig zu tun. Schließlich hat Bier weniger Kalorien als etwa Apfelsaft und ist damit nicht der Hauptverursacher der „Wampe". Die Ursache für den dicken Bauch liegt schlicht im veränderten Stoffwechsel des Alters: Je älter wir werden, desto geringer ist unser Grundumsatz an Kalorien. Jedoch ändern die wenigsten von uns auch ihre Lebensgewohnheiten dementsprechend, sondern bewegen sich eher weniger und essen fettreicher. Während sich das Fett am weiblichen Körper am liebsten im Bereich der Hüften und Oberschenkel ansammelt, zielt es bei Männern zuerst auf den Bauch. Das hat einen einfachen evolutionären Grund: So bleiben die Beine des Mannes schlank und er kann weiterhin rennen und jagen. Aber mal Hand aufs Herz: Wenn Sie nicht gerade vorhaben, morgen ein Mammut zu erlegen, haben Sie wohl keine Ausreden mehr für Ihren Bierbauch?

Er sorgt außerdem dafür, dass Sie als Liebhaber womöglich in Ihrer Leidenschaft nachgelassen haben: Durch das Übergewicht werden weniger Sexualhormone produziert und zudem wandelt das Bauchfett das männliche Testosteron in weibliches Östrogen um - ein Rückgang der Libido ist vorprogrammiert.

Also ab in den Kampf gegen den ungeliebten Bierbauch! Am einfachsten können Sie ihn loswerden, indem Sie die BEA-Regel befolgen: Bauchübungen, Ernährungsumstellung und Ausdauertraining. Dabei sollen Sie auf keinen Fall tausende von Sit-Ups machen oder jeden Tag im Fitnessstudio schwitzen. Drei Mal in der Woche zu schwitzen genügt völlig: Üben Sie an zwei Tagen leichtes Ausdauertraining aus und konzentrieren Sie sich an einem Tag auf das Krafttraining, um die Muskeln zu stärken. In Verbindung mit einer Ernährungsumstellung, die den verstärkten Konsum von Vollkorn, magerem Fleisch und Gemüse fokussiert, können Sie dauerhaft den Waschbärbauch reduzieren. Und keine Sorge: Bier trinken ist erlaubt, aber bitte in Maßen - und nicht jeden Tag in einer Maß!

2.6 Mythos Midlife-Crisis: Melancholie seiner Seele

Schließlich wartet auf den Mann noch ein Schreckgespenst des Alterns: Die Midlife-Crisis. Sie bildet die Grundlage für den Klischee-Mann Anfang 40: Wenn er sich plötzlich jugendlich kleidet, sich die Haare tönt, einen neuen Sportwagen oder gar eine Geliebte zulegt und von heute auf morgen riskante oder abenteuerliche Hobbies ausübt - dann sind das eindeutige Zeichen für die männliche Midlife-Crisis. So vermittelt es zumindest unser Schubladendenken, das voll von Mythen und Verallgemeinerungen ist. Dabei ist die Midlife-Crisis viel mehr als dieses überzeichnete Bild des alternden Junggesellen: Bereits der Name, nämlich „die Krise in der Mitten des Lebens" zeigt, dass mehr dahintersteckt als Lamborghini und Liebhaberin. Eine Midlife-Crisis zeigt sich durch krisenhafte Einsichten: Die Kinder sind erwachsen und beginnen ihr eigenes Leben, die eigenen Eltern werden grau und ähneln mehr und mehr der Kategorie „Senioren" und so werden uns auch die eigene Vergänglichkeit und vor allem verpasste Chancen der Vergangenheit gewahr. Diese Melancholie beginnt häufig zwischen 30 und Mitte 50, findet ihren Höhepunkt - beziehungsweise ihre Talsohle - Mitte 40. Dieser Tiefpunkt des Lebens ist sogar weltweit bestätigt: Egal in welchem Land, heutzutage ist die Unzufriedenheit mit der eigenen Vergangenheit, Gegenwart und Zukunft nie größer als mit durchschnittlich 45 Jahren - danach geht es wieder bergauf. Wichtig ist dabei: Die Midlife-Crisis ist keine psychische Störung im eigentlichen Sinne. Vielmehr entspricht sie bei Männern dem, was bei Frauen die Wechseljahre ausmachen: Zwar unterliegt der weibliche Körper deutlich mehr Veränderungen, jedoch lassen sich die psychischen Vorgänge mit der männlich konnotierten Midlife-Crisis vergleichen. Anzeichen für diese Phase sind Stimmungsschwankungen,

Unsicherheit, Unzufriedenheit, Gereiztheit, Wut oder eine innere Leere. Damit einher gehen entsprechende Verhaltensweisen wie eine Rebellion gegen äußere Zwänge in Form einer Kündigung oder Trennung, oder auch der Untreue in der Partnerschaft. Ein grundsätzlicher psychischer Auslöser für die Midlife-Crisis bildet dabei das Infragestellen der eigenen Identität: Was wollte ich einmal erreichen, als ich noch 18 war? Wie hatte ich mir damals meine Zukunft vorgestellt? Was habe ich eigentlich erlebt? Oder bin ich etwa das geworden, was ich nie werden wollte - gealtert, spießig, langweilig und kraftlos? Diese Selbstzweifel werden meist begleitet von einem weiteren Auslöser der Midlife-Crisis: Als zwanghaft empfundene Rollenzuweisungen. Wer in einem Tagesablauf gefangen ist, der ihn stundenweise vom Sachbearbeiter zum Ehemann, zum Familienvater und zum Ernährer werden lässt, erfüllt zahlreiche kraftraubende Ansprüche gleichzeitig. Dabei können das eigentliche „Ich", ein ganz persönlicher Drang, individuelle Ziele, Freiheiten und Bedürfnisse, schnell in den Hintergrund rücken - oder gar ganz verloren gehen. Verläuft diese Parallelität von Zwängen und Selbstzweifeln über mehrere Jahre, ohne dass wir sie reflektieren und bewältigen, klopft die Midlife-Crisis oft schneller an der Tür, als wir es uns eingestehen mögen. Auch körperlich nehmen in dieser Zeit Alterungserscheinungen stark zu: Das Testosteron nimmt ab - und damit manchmal auch die Libido - Muskeln schwinden und der Fettanteil steigt. In Verbindung mit Attributen wie Glatze und Bierbauch kann es der Mann nun kaum noch leugnen: Er wird alt.

Was können Sie also tun, wenn Sie von Fragen wie den folgenden geplagt werden:

- Das war schon alles?
- Wer bin ich überhaupt?
- Was wäre gewesen wenn...?
- Wie lange bleibt mir noch?

An erster Stelle ist hier zu nennen: Ernsthafte Selbstzweifel oder depressive Zustände können Sie kaum durch eine Einstellungsveränderung verbessern - gehen Sie in schwierigen Situationen also zu einem Psychologen. Falls Sie jedoch „nur" (doch auch diese Gefühle sind sehr vereinnahmend) unter den Symptomen der Midlife-Crisis wie Unzufriedenheit, Melancholie, Leere und Zweifeln leiden, können Sie diesen Drang zur Veränderung produktiv nutzen - statt durch gedankenloses Verhalten etwas zu zerstören, was Sie später bereuen könnten. Um der Melancholie des Alters vorzubeugen eignen sich beispielsweise folgende Ratschläge von Madame Missou:

- Ziehen Sie Bilanz. Nehmen Sie sich einen Abend nur Zeit für sich und einen Rückblick auf Ihr Leben: Was waren Ihre besten Erfahrungen? Die Höhepunkte Ihres Lebens, Ihrer Beziehung oder Ihrer Familiengeschichte? Was haben Sie erreicht? Schreiben Sie auf, welche Leistungen, Erlebnisse und Bekanntschaften Ihr Leben bereichert haben.
- Finden Sie sich selbst neu: Sie fühlen sich alt, ausgelaugt und verbraucht? Dann starten Sie eine Rundumerneuerung: Neues Outfit, neue Frisur, neue Interessen. Aber bitte übertreiben Sie es dabei nicht - ein enges Muscle-Shirt steht leider den knackigen 20-Jährigen am besten und auch die Skater-Wuschel-Frisur passt nicht zu einem gestandenen Mann. Und der sind Sie nun einmal - seien Sie stolz darauf

und unterstützen Sie durch Ihren neuen Stil Ihre Leidenschaft zum Leben.

- Suchen Sie sich neue Hobbies: Klettern, Mountainbike-Fahren, ein Tanzkurs mit der Partnerin, astronomisches Wissen aneignen und den Nachthimmel mit einem Teleskop erkunden, sich ehrenamtlich engagieren, dem Schützenverein beitreten - Hauptsache die Erfahrung ist neu, spannend und fordert Sie!

- Verändern Sie sich beruflich: Auch wenn der große Karrierewechsel nicht möglich ist - schließlich sind wir alle auf unser geregeltes Einkommen angewiesen - wie wäre es mit weniger Überstunden? Mit einer neuen Spezialisierung oder Fortbildung? Oder gar mit einem Wechsel der Arbeitsstelle? Oder Sie werden als kompetenter Mitarbeiter der Mentor eines jüngeren Kollegen oder einer jüngeren Kollegin (aber bitte nicht der attraktiven Praktikantin mit dem kurzen Rock!)?

- Beleben Sie Ihre Partnerschaft neu: Wagen Sie eine Reise, die Sie bisher ausgelassen haben, treffen Sie wieder regelmäßig Ihren gemeinsamen Freundeskreis oder gönnen Sie sich wieder stundenlange Gespräche bei Rotwein und Kerzenschein wie zu Beginn Ihrer Beziehung. Erinnern Sie sich gemeinsam zurück: Wie haben Sie sich kennen gelernt? In welche Eigenschaften Ihrer Partnerin haben Sie sich zuerst verliebt? Was waren Ihre gemeinsamen Träume und Ziele - und welche neuen Ziele können Sie jetzt gemeinsam erreichen?

- Reden Sie: Von diesem Thema wird im Kapitel über den „schweigsamen Mann" noch ausführlich die Rede sein. Aber auch im Rahmen der Midlife-Crisis ist es unerlässlich: Kapseln Sie sich nicht ab. Ein Gesprächspartner, der sie versteht - und das muss nicht immer die Partnerin, sondern kann auch der Sohn, die Schwester, der Vater, ein Freund oder der Kollege sein - ist im Umgang mit den Hürden des Lebens unerlässlich.

- Und der vielleicht wichtigste Rat: Überprüfen Sie Ihre Einstellung. Wie ist es bei Ihnen um das Verhältnis von Ansprüchen und Möglichkeiten bestellt? Prüfen Sie Ihre Träume auf ihre Realitätstauglichkeit - und suchen Sie sich hoch gesteckte, aber erreichbare Ziele.

Ob Körper, Geist oder Beziehung: Das Alter macht vor keinem Aspekt des Lebens halt. Es ist vielfältig, tiefschichtig und unberechenbar - und doch bietet es zahlreiche Möglichkeiten, das Leben wieder mit neuer Leidenschaft zu begreifen. Nehmen Sie Ihr Altern als wertvollen Teil des Lebens wahr und nicht als Last.

2.7 Der Mann, die Maschine: Was ist ein guter Liebhaber?

Frauen suchen Zärtlichkeit, Liebe und Geborgenheit. Für sie bedeutet Sex die Verschmelzung zweier Körper und zweier Seelen - die pure Seelenverwandtschaft also. Der Mann dagegen ist allzeit bereit, er kann und will immer, sein bestes Stück lässt ihn nie im Stich sondern steht wie der Fels in der Brandung als Zeichen der Männlichkeit.

Sie merken es selbst: So ein Schwachsinn. Doch gehen Sie in sich: Wie viele Mythen um weibliche und männliche Sexualität haben sich in Ihrer Gedankenwelt versteckt? Macht einen guten Liebhaber nicht doch seine „Manneskraft" aus - je länger und ausdauernder, desto besser? Ein schlaffer Penis, ein Mann der Schwäche zeigt und die Sehnsucht nach Geborgenheit - ist das mit männlichem Sexappeal vereinbar?

Die männliche Sexualität unterliegt - ebenso wie das gesellschaftliche Männerbild allgemein - einer starken Veränderung: Mit der weiblichen Emanzipation und der Generation der 68er sind nicht nur Selbstbestimmung und Freiheit der Frauen, sondern auch die Ansprüche an den Mann gewachsen. Er muss seine Leistung bringen, gut aussehen und eine gewisse sexuelle Performance abliefern. Was Frauen dabei wollen, ist ihnen selbst oft ein Mysterium: eine Mischung aus Macho und Softie, stark aber zärtlich, einfühlsam und durchsetzungsfähig, selbstbewusst aber bloß nicht egoistisch - ja was denn nun, meine Damen? Widmen wir uns also zu Beginn der Frage: Was macht einen guten Liebhaber aus - und wieso haben es Frauen beim Sex etwas leichter als Männer?

Ganz praktisch gesehen bestehen die Grundlagen eines guten Liebhabers aus nur vier Aspekten: Er ist mit sich selbst im Reinen, kann die eigenen Wünsche reflektieren, kennt seinen

Körper und geht auf seine Partnerin ein. Und auch in diesem Bereich liegt das Problem häufig in der männlich sozialisierten Kommunikation: Männer reden wenig - jedenfalls wenig mit Substanz. Natürlich, Sie und Ihre Freunde reden über Sex: über die attraktive Kollegin, die neue Fitness-Übung oder den letzten One-Night-Stand des Kumpels. Aber reden Sie auch über Befürchtungen, Sorgen und Ängste? Denn Sie selbst wissen es am besten: Männer sind nicht angst- und sorgenfrei, auch - oder vor allem - in der Sexualität. Der Grund hierfür liegt in einem biologisch bedingten und kulturell überbewerteten Ungleichgewicht zwischen Mann und Frau. Männer haben es einfach schwerer: Hat die Frau einmal nicht so große Lust, muss sie das gar nicht zugeben - meistens merkt es der Mann nicht einmal. Etwas Gleitgel oder ein feuchtes Kondom und schon kann sich die Frau, auch wenn sie gedanklich etwas abgelenkt ist, auf den Sex einlassen, wenn sie möchte. Der Mann steht hier - wortwörtlich - vor größeren Problemen: Sie können Ihre fehlende Erregung nicht verbergen. Sie müssen bereit, erregt und willig sein, sonst läuft nichts. Der weibliche Leistungsdruck ist natürlich auch vorhanden, wirkt sich jedoch weitaus weniger auf die körperliche Leistung an sich aus. Die Damen dieser Welt kennen die Angst, „ihn vielleicht nicht hochzukriegen" schlicht und einfach nicht. Frauen können außerdem Orgasmen vortäuschen und selbst wenn sie zu früh kommen, muss der Sex noch nicht vorbei sein. Man kann also feststellen: Frauen können beim Sex weitaus mehr Geheimnisse haben, Männer dagegen sind wie ein offenes Buch zu lesen: hart oder schlaff sagt eben alles! Und dieser Druck ist nicht zu unterschätzen. Die Angst, sexuell zu versagen, bezeichnete die Individualpsychologin Sophie Lazarsfeld Anfang des 20. Jahrhunderts als „Urangst des männlichen Geschlechts", die - falls keine offene Kommunikationskultur in der Partnerschaft herrscht - zu einem Gefühl unerfüllter Männlichkeit führen kann.

In diesem Ausmaß empfinden Männer den sexuellen Leistungsdruck sicher selten bewusst - aber trotzdem ist er da, wenn auch weniger ausgeprägt. Und meist zeigt er sich in zwei typisch männlichen Befürchtungen: zu früh zu kommen oder überhaupt keine Erektion zu erlangen. Wann kann Mann also mit seiner sexuellen Leistung zufrieden sein? Ist es wirklich so einfach: Gute Ausstattung + gute Technik + Ausdauer = guter Sex? Oder nützen auch der größte Phallus, die olympischste Stellung und die stundenlange Kopulation nichts, wenn das Gefühl fehlt? Mit Gefühl ist damit nicht einmal Liebe gemeint, sondern Einfühlungsvermögen und Spaß. Eines kann Madame Missou aus ihrer weiblichen Lebenserfahrung in jedem Falle schließen: Guter Sex ist nicht messbar. Es geht weder um die Größe, noch um die Technik, noch um die Dauer - Sex ist kein Leistungssport. Sparen Sie sich die unzähligen Ratgeber á la „Wie Frauen befriedigten werden wollen!", denn „den Frauengeschmack" in Punkto Sex gibt es nicht. Sicher: Das einfache Rein-Raus-Spiel macht keine Lady glücklich, aber den Herren der Schöpfung sicher auch nicht auf Dauer? Die einzigen beiden Grundregeln, die guten Sex ausmachen, sind:

1. Fragen! Wer mag was? Wo sind die Grenzen?
2. Spielen! Der Spaß steht im Vordergrund: Also reden Sie, lachen Sie, kitzeln Sie und tun Sie alles, was Freude macht. Die Lust kommt dann ganz von alleine - und vor allem ohne Leistungsdruck.

Diese wenigen Grundaspekte machen den guten Liebhaber und den erfüllenden Sex aus. Als schier grenzenloses Thema kann dieser kleine Ratgeber die Feinheiten und Vielfältigkeit männlicher Sexualität hier nicht beschreiben - aber es sollen an dieser Stelle noch zwei zentrale Fragen beantwortet werden: Wie erkennen Sie ernsthafte Potenzprobleme und welche Risikofaktoren begünstigen diese? Wann wird ein Samenerguss tatsächlich als „frühzeitig" bezeichnet und was können Sie dagegen tun? Also: Was tun gegen „gar nicht" oder „zu früh"?

2.8 Sein bestes Stück: „zu schlaff" oder „zu früh"?

20 % aller Männer kennen das Problem: „Der beste Freund" will nicht so richtig. Wenn das einmal passiert, stört das einen selbstbewussten Mann kaum - nach der fünften oder sechsten verdorbenen Liebesnacht allerdings stellen sich Frustration und Selbstzweifel ein. Das Blöde daran: Der Penis gehorcht nun mal nicht auf Befehle - weder auf die der Ratio, noch auf die des Herzens. Dass er nicht hart wird, hat also nichts mit den fehlenden Gefühlen zu ihrer Partnerin oder fehlender Leidenschaft zu tun, und dessen sollte sich auch die erwachsene, reflektierte Frau bewusst sein. Denn nichts ist anstrengender als ein sexueller Fehlstart, der von der Partnerin mit Fragen gekrönt wird wie: „Findest du mich nicht mehr attraktiv? Liebst du mich überhaupt noch? Oder hast du eine andere?" Drückt es die Dame des Herzens vielleicht nicht so unverblümt aus, so reagieren trotz Emanzipation und Unabhängigkeit einige Frauen auf den erschlafften Penis zumindest mit leichter Enttäuschung, Trotz oder Unverständnis. Denn: Der Mythos „Mann kann immer" hält sich hartnäckig. Liebe mitlesenden Frauen: Männer sind keine Maschinen! Wenn Ihr Partner Ihnen sagt, seine Flaute hat nichts mit Ihnen, Ihrem Aussehen und seinen Gefühlen zu tun, dann glauben Sie ihm das - und haken den Vorfall ab. Fertig. Genießen Sie ein Glas Wein zu zweit und gönnen Sie sich andere Freuden. Und lieber männlicher Leser: Wenn Ihr „bester Freund" einmal nicht will und Ihre Partnerin nachfragt - seien Sie einfach ehrlich. Sind Sie müde? Haben Sie Arbeitsstress? Sollte Ihre Partnerin sich etwas mehr ins Zeug legen, ein schönes Vorspiel einbinden oder Sie mehr küssen? Oder haben Sie einfach keine Lust? Egal, was der Grund ist: Eine einfache Erklärung, die ehrlich und direkt formuliert ist, und die Versicherung, dass es nichts mit der Liebsten zu tun hat - mehr brauchen Frauen nicht.

Neben gelegentlichen phallischen Fehlstarts kann diese Problematik jedoch auch größere Ausmaße annehmen: Falls mehr als 30-50 % Ihrer Liebesnächte der letzten 6 Monate mit Frust geendet haben, wäre dies ein Grund, einen Arzt aufzusuchen. Bevor Sie diesen Gang wagen - er bedarf auch einiges an Mut - können Sie sich vorab die folgenden Fragen beantworten, um Ihrer persönlichen Ursache auf den Grund zu gehen:

- Wie zufrieden sind Sie mit Ihrem Körper?
- Wie zufrieden sind Sie mit Ihrem Leben allgemein? Stehen Sie morgens gerne auf - auch wenn der Wecker Sie viel zu schnell aus dem Schlaf reißt?
- Fühlen Sie sich gesund und fit?
- Haben Sie besonderen Stress, im Privaten oder auf der Arbeit?
- Sind Sie durch andere Konflikte oder Ereignisse abgelenkt?
- Fühlen Sie sich sexuell unter Druck gesetzt?
- Können Sie mit Ihrer Partnerin offen reden?
- Fühlen Sie sich in Ihrer Beziehung wohl?
- Welche sexuellen Erwartungen stellen Sie an sich selbst?
- Wie wurden Sie im Punkto Sexualität erzogen?

Wenn Sie diese Fragen eingehend reflektieren, können Sie ausschließen, ob persönliche Belastungen der körperlichen Leidenschaft im Wege stehen. Diese Faktoren sollten Sie in erster Linie angehen und bearbeiten, um sich Last von den Schultern zu nehmen. In einigen Fällen jedoch spielt die Psyche kaum eine Rolle: Während in der Vergangenheit häufig psychologische Faktoren als Grund für Erektionsprobleme aufgeführt wurden, stellt der aktuelle Stand der Medizin dagegen körperliche Faktoren in den Vordergrund. Risikofaktoren wie Diabetes, Depressionen, Hormonstörungen, Prostata-Probleme, Operationen oder Bluthochdruck begünstigen die Entstehung von Erektionsproblemen enorm. Auch Medikamente wie Herzmittel, Blutdrucksenker oder Antidepressiva gehören zu den „Schlaffmachern". Sollte Ihnen einer dieser Faktoren bei Ihnen bekannt oder unklar sein, ist auch dies ein Grund, den Arzt aufzusuchen und mögliche Wechselwirkungen abklären zu lassen. Möglicherweise rührt Ihre Flaute nur von einem hormonellen Ungleichgewicht her, dass durch Hormonpräparate schnell behoben werden kann. Falls Sie sich unsicher sind, ob bei Ihnen in normalem Maße Erektionsprobleme auftreten oder die Häufigkeit ein Grund zur Sorge ist, kann Ihnen der folgende Test des ISG (Informationszentrum für Sexualität und Gesundheit) Anzeichen für eine erektile Dysfunktion aufzeigen:

- Wenn ich Geschlechtsverkehr mit meiner Partnerin hatte, habe ich dies oft als nicht befriedigend erlebt.
- Ich bin mir häufig unsicher, ob ich eine Erektion bekommen oder aufrecht erhalten kann.
- Ich habe in letzter Zeit weniger Geschlechtsverkehr mit meiner Partnerin gehabt, weil ich befürchte, ich könnte keine Erektion erreichen oder aufrecht erhalten.
- Mit fällt es beim Sex häufig schwer, eine ausreichend harte Erektion zu erreichen, um in meine Partnerin eindringen zu können.
- Sobald ich während des Sex in meine Partnerin eingedrungen bin, fällt es mir häufig schwer, diese Erektion aufrecht zu erhalten.

Sollten Sie bei mehr als drei dieser Aussagen zustimmen, könnte bei Ihnen eine Erektionsstörung vorliegen. Dann kann Ihnen in jedem Falle ein Arztbesuch helfen, die Ursachen zu erkennen und sie zu bekämpfen. Falls Sie nur hin und wieder unter Schlaffheit leiden, merken Sie sich den Leitspruch: Use it or loose it! Je öfter wir unseren Sexualtrieb anheizen, ihn ausleben und den Körper in Wallung bringen, desto stärker wird auch unsere Libido (natürlich nicht grenzenlos!).

Und dann wäre da noch das Gegenteil von schlaff: zu schnell. Die Sehnsucht, einen gemeinsamen Orgasmus zu erleben, ist bei vielen Paaren groß - meist bei den Männern größer als bei ihren Damen. Schließlich liegt es in vielen Fällen an der frühen Ejakulation, dass der Spaß zu Ende ist und die Liebste leer ausgeht. Dabei müssen Sie sich eines klar machen: Der weibliche Orgasmus liegt nicht alleine in Ihrer Verantwortung. Egal wie schnell, fest, hart und bahnbrechend Sie sich lieben - es gibt keine weibliche Orgasmusgarantie. Zu einem großen Teil liegt es in der weiblichen Hand selbst: Es ist ihre Aufgabe, den eigenen Körper und die eigenen Wünsche zu kennen, sich gehen zu lassen und Lust zuzulassen. Sie als Mann können die Frau dabei nur unterstützen, ihre sexuelle Befriedigung aber nicht völlig übernehmen. Machen Sie daher Ihren sexuellen Selbstwert nicht von den Orgasmen Ihrer Partnerin abhängig - oder hätten Sie gerne eine Liebhaberin, die sich aus Leibeskräften darum bemüht, Sie zur Ejakulation zu bringen, und dabei die eigenen Wünsche vergisst? Eine solch einseitige Sexualität macht kein Paar glücklich. Ihre Aufgaben sind daher weiterhin, nach Wünschen zu fragen, die Frau zu erkunden und auf sie einzugehen, Gefühl zu zeigen und sich gemeinsam gut zu fühlen. Wenn Sie sich ausschließlich auf den weiblichen Orgasmus konzentrieren und dabei den eigenen Höhepunkt verdrängen und wegschieben, wird im Endeffekt Ihre eigene Lust zum Störfaktor. Das befriedigt weder Sie noch Ihre Geliebte. Sehen Sie den gemeinsamen Sex daher immer im Gleichgewicht und als geteiltes Erlebnis von beiden - nicht als Ihre alleinige Verantwortung.

Sobald Sie sich von diesem Orgasmusdruck gelöst haben, können Sie entspannter an die Leidenschaft gehen. Dass Sie früher kommen als die Frau, entspricht sogar völlig der Norm: Jeder dritte Mann erlebt das regelmäßig und bei jedem fünften wird der Sex dadurch leider zu einer ständigen Frustration. Ebenso wie bei der erektilen Dysfunktion gilt auch bei dem frühzeitigen Samenerguss: Dass dieser rein psychisch bedingt ist, wurde widerlegt, denn stattdessen spielen in vielen Fällen körperliche Ursachen eine Rolle. Lassen Sie diese daher bei einem Arzt abklären. Übrigens: Männer, die unter frühzeitigem Samenerguss nach medizinischer Definition leiden, erleben diesen bereits nach durchschnittlichen 1,8 Minuten Penetration - höchstwahrscheinlich betrifft Sie dieses Problem also gar nicht? Trotzdem können Sie unter einem großen Leidensdruck stehen, wenn Sie Ihren Orgasmus nicht kontrollieren können, dabei aber gerne mehr auf Ihre Partnerin eingehen würden. Um die Orgasmuskontrolle zu üben, können Sie die sogenannte Squeeze-Technik anwenden: Dadurch erlernen Sie, Ihre Erregung bewusst wahrzunehmen und Ihren Höhepunkt somit besser zu steuern. Idealerweise üben Sie diese Technik gemeinsam mit Ihrer Partnerin: Beginnen Sie mit der Stimulation durch Petting, bis Sie kurz vor dem Höhepunkt stehen. In diesem Moment drücken Sie oder Ihre Partnerin Ihren Penis für einige Sekunden fest und lassen wieder los. Nach etwa 20 Sekunden Ruhezeit beginnen Sie wieder von vorne und wiederholen Sie den Vorgang etwa 20 Minuten. Durch diese Übung erhöhen Sie Ihren Einfluss auf den Zeitpunkt des Orgasmus und üben sich in Kontrolle.

Ob Sie ein erfülltes Sexualleben genießen oder gelegentlich mit Hürden zu kämpfen haben - zum Abschluss noch einige Kurztipps und Ideen von Madame Missou, wie Sie den Sex mit Ihrer Partnerin auffrischen und intensiver erleben können:

- Lassen Sie sich Zeit. Nehmen Sie Abstand von dem routinierten 20-Minuten-Vorspiel und genießen Sie es einfach, gemeinsam das Bett zu teilen. Nehmen Sie Berührungen und Worte bewusst wahr und lassen Sie sich einfach treiben.

- Wechseln Sie die Führung: Sind Sie stets der Dominante oder bestimmt Ihre Freundin gerne, wo es lang geht? Dann drehen Sie die Rollen um: So kann jeder einmal die Zügel in der Hand haben und ganz nach eigenen Wünschen die Richtung angeben.

- Seien Sie bewusst beim Geschehen: Wenn Sie schon wertvolle, gemeinsame Zeit miteinander verbringen, schalten Sie Ihren Gedankenmotor aus. Befinden Sie sich nur im Hier und Jetzt - alles andere kann warten.

- Sorgen Sie für Abwechslung: Mal eine lange Liebesnacht, mal der Quickie am Morgen, mal im Bett und mal auf dem Küchentisch - vergessen Sie nicht die Vielfältigkeit von Intimität.

- Probieren Sie Neues: Gibt es Sextoys, die Sie schon immer einmal ausprobieren wollten? Oder sind Sie neugierig auf die Stimulation der Prostata? Trauen Sie sich und suchen Sie das Gespräch mit Ihrer Partnerin: Vielleicht findet auch Sie Gefallen daran!

2.9 „Was denkst du gerade?" – Männer & Kommunikation

Eine Frau, die nach dem Sex überheblich fragt „Na, wie war ich?" und ein Mann, der seine Liebste täglich mit Fragen konfrontiert wie „Was denkst du denn gerade? Du wirkst so abwesend, liebst du mich überhaupt noch?" – diese Vorstellung wirkt etwas irritierend. Denn eine Frau, die direkt, unverblümt und mit einer gewissen Unhöflichkeit kommuniziert und ein Mann, der mit indirekten Aufforderungen eine Liebeserklärung entlocken will, empathisch und harmoniebedürftig ist – diese Kommunikationsstile drehen die gängigen Geschlechterrollen auf den Kopf. Es lässt sich nicht leugnen: In unserem heutigen Geschlechtersystem reden Frauen und Männer anders. Nicht weil Frauen von der Venus und Männer vom Mars sind und sie sich deshalb nie verstehen können, sondern weil Erziehung und Sozialisation unterschiedliche Grundlagen der Kommunikation und Interaktion für die Geschlechter legen.

Deshalb kommt es nicht selten zu Beziehungskonflikten, die mehr oder weniger stereotyp den beiden Kommunikationsstilen entsprechen. Sei es die Frau, die mit ihrer indirekten Aufforderung „Der Müll ist voll" bei ihrem Mann nichts erreicht oder der Mann, der angesichts der für ihn unverständlichen „Stimmungsschwankungen" der Partnerin völlig überfordert ist – Kommunikation ist ein Mienenfeld, besonders zwischen den Geschlechtern. Auch im Beruf kann es problematisch werden, wenn die Kollegin in Konferenzen das Gegenüber stets ausreden lässt, während Herr Müller andere unterbricht und selbst lange Monologe hält. Ein Grund für diese unterschiedlichen Kommunikationsgewohnheiten findet sich in der früheren Erfahrung von Jungen und Mädchen: Während Frauen in ihrer Kindheit und Jugend stärker an die non-hierarchische

Kommunikation herangeführt werden, erlernen Männer verstärkt eine hierarchische Form der Interaktion. Bei Mädchen wird mehr die soziale Kompetenz gefördert, sie üben das Zwischenmenschliche durch Rollenspiele oder Puppenspiele mit ihren Freundinnen, sie haben eine „beste Freundin", der sie alles anvertrauen und reden, reden, reden während ihrer gesamten Entwicklung (dies sei alles leicht überspitzt dargestellt). Jungs dagegen entwickeln durch die Reaktionen ihrer Umwelt häufig Tendenzen zum riskanteren und sanktionierbarem Verhalten, die maßregelnde Reaktionen der Eltern provozieren, und sie werden in der Schule von Lehrern grundsätzlich anders behandelt. Zusätzlich hat die Rolle des Vaters als Identifikationsfläche eine stärkere Bedeutung für den Sohn, der so seine Durchsetzungsfähigkeit gegenüber Autoritäten einübt. Der Freundeskreis des Jungen ist dabei – im Gegensatz zur engen Zweierfreundschaft von Mädchen – geprägt von größeren Gruppen, in derer Dynamik sich Konkurrenz und Hierarchie ausbilden. Stark zu sein, sich auch mal durchzuboxen und sich von anderen nichts sagen zu lassen sind in der männlichen Jugend zentrale Werte – in der weiblichen dagegen kaum.

So entstehen unterschiedliche Kommunikationsstile, die natürlich bei jedem in einer anderen Ausprägung existieren. Frauen lassen andere häufiger ausreden, sie stellen implizite Fragen und machen implizite Aufforderungen, sie betonen das Emotionale, denken an andere und sind empathisch. Männer dagegen wollen sich durchsetzen, geben direkte Anweisungen und stellen direkte Fragen (wenn überhaupt) und sie reden weniger ausschweifend über die eigenen Gefühle (schließlich haben sie das in Jungenfreundschaften kaum gelernt). Ja: Männer sind manchmal schweigsame Wesen, aber nicht weil ihr Wesen schweigsam ist, sondern weil sie diese Form der Kommunikation erlernen.

Klar ist, dass weder der weibliche noch der männliche Kommunikationsstil besser ist – viel mehr passen die Nuancen der beiden in verschiedene Situationen. Während Frauen in Beziehungen oft emotional und empathisch über mögliche Konflikte und Probleme sprechen, profitiert der Mann im Büro von seiner Durchsetzungsfähigkeit und Direktheit. Doch auch umgekehrt nützt es dem Mann in seiner Beziehung, dass er direkt und knapp seine Anliegen formuliert, während Frauen auf der Arbeit die Kollegen auch ausreden lassen und Nachfragen anstellen (was Männer häufig als Schwäche empfinden). Dabei ist es zentral, dass die Geschlechter nicht nur anders reden, sondern auch unterschiedlich interpretieren. Frauen denken über das Gesagte länger nach, sie suchen nach Beweggründen des Gegenübers und lesen zwischen den Zeilen – Männer dagegen nehmen das Gesagte so wie es ist, sie übersehen dabei oft Implizites, während Frauen Probleme suchen, obwohl „zwischen den Zeilen nichts steht". Sie sehen: Missverständnisse und Unverständnis sind vorprogrammiert, wenn wir uns diese unterschiedlich sozialisierten Kommunikationsstile vor Augen führen. Auch wenn die „typisch männliche" Kommunikation nicht bei jedem im gleichen Ausmaß vorhanden ist, sind es doch meist Tendenzen in diese Richtung, die aus gegenwärtigen gesellschaftlichen Geschlechterbildern, Idealen, Vorbildern und Erziehungswerten resultieren. Wer von beiden Kommunikationsstilen gleiche Anteile in sich trägt, den kann man beglückwünschen, denn der kann auf ein großes Repertoir an sozialem Umgang zurückgreifen! Tendieren Sie dagegen in die Richtung der männlichen, schweigsamen, direkten und durchsetzungsfähigen Kommunikation, hier einige Ideen für die private Interaktion mit ihrer Partnerin:

- Machen Sie Ihrer Frau klar, dass Sie auch tatsächlich meinen, was Sie sagen. Wenn es nichts zwischen den Zeilen zu lesen gibt, sagen Sie das deutlich. Wenn Sie auf Fragen wie „Was denkst du? Du wirkst so abwesend" kurz und knapp mit „Es ist nichts" antworten, beginnt Ihre Partnerin womöglich mit Grübelei und Interpretationen, was mit Ihnen los ist. Antworten Sie stattdessen mit einer kurzen Erklärung und ebenfalls auf emotionaler Ebene: „Ich hatte einen echt anstrengenden Tag und brauche momentan einfach nur meine Ruhe. Ich entspanne mich etwas und danach machen wir uns einen schönen Abend."

- Versuchen Sie, die Kommunikationsebenen Ihrer Frau differenziert wahrzunehmen (ein Lese-Tipp ist hier mein Ratgeber: *„Streitgespräche verstehen & lösen – Gewaltfreie Kommunikation und aktives Zuhören"):* Typische Formulierungen wie „Liebst du mich noch?" fragen nicht einfach nur nach Informationen, sondern haben einen tieferen Hintergrund. Fragen Sie sich selbst: Welche Sorgen schwingen bei Ihrer Partnerin mit? Wozu will sie mich auffordern? Oder fragen Sie Ihre Liebste direkt: „Bedrückt dich etwas? Was kann ich dir Gutes tun?"

- Ohne über Gefühle zu reden, funktioniert keine Beziehung. Frauen lernen das in vielfältigen Situationen ihrer Entwicklung, Männer dagegen weniger. Also: Lassen Sie sich darauf ein! Sie müssen nicht 24 Stunden täglich über tiefenpsychologische Prozesse philosophieren, aber der regelmäßige, offene und konstruktive Austausch über eigene Sorgen, Wünsche und die Beziehung selbst sorgt für Stabilität und Nähe. Sagen Sie direkt, wenn Sie etwas sorgt, wenn Sie sich etwas wünschen und fressen Sie Frustration nicht in sich hinein. Versuchen Sie, Konflikte zu erkennen, bevor Sie entstehen, indem Sie Ihre eigenen Gefühle sensibel wahrnehmen. Wenn Sie am Abend plötzlich frustriert oder gereizt reagieren, hören Sie in sich hinein: Woher kommen diese Gefühle? War die Arbeit stressig? Oder sind Sie wegen irgendetwas auf Ihre Partnerin sauer? Oder brauchen Sie einfach nur eine Stunde für sich selbst, um zu entspannen? Erst wenn Sie selbst erkennen, warum Sie fühlen, wie Sie fühlen, können Sie produktiv damit umgehen und Ihre Bedürfnisse Ihrer Partnerin gegenüber äußern. Eine sensible Selbstwahrnehmung hilft manchmal Wunder!

Kommunikation ist keine One-Man-Show, deshalb soll auch für die mitlesenden Frauen ein kurzer Überblick über Hinweise für die künftige Kommunikation gegeben werden:

- Schauen Sie sich etwas von der männlichen Kommunikation ab. Wenn Sie möchten, dass sich Ihr Partner gleichberechtigter im Haushalt beteiligt, sagen Sie nicht: „Du hilfst zu Hause nie mit, das ist so typisch für dich". Mit Vorwürfen und zu viel Emotion kommen Sie nicht weit – auch wenn Sie gerade wütend sind. Regen Sie sich kurz ab und kündigen Sie dann ruhig und einladend an: „Lass uns am Wochenende mal planen, wie wir die Haushaltsaufgaben gerechter verteilen. Ich komme sonst mit meinem Zeitmanagement nicht hin." Klare Aufforderung, sachlicher Ton und verständliche Botschaften sind hier das A und O.

- Akzeptieren Sie, dass es bei Ihrem männlichen (oder weiblichen) Gegenüber häufig nichts zwischen den Zeilen zu lesen gibt. Wenn der Partner sagt „Es ist nichts" und der Chef Ihre Arbeitsergebnisse mit „Das ist in Ordnung so" bewertet, dann nehmen Sie diese Aussagen an, ohne in Grübelei zu verfallen. Oft sagen Männer wirklich, was sie denken, und verschicken damit keine verschlüsselten Botschaften. Ihr Mann hat kein Problem mit Ihnen und Ihr Chef ist zufrieden mit Ihrer Arbeit – wunderbar!

- Setzen Sie sich auch mal durch (auch im Beruf): Lassen Sie das Gegenüber nicht immer ausreden, wenn es sich selbst nicht an die gängigen Regeln der Höflichkeit hält. Sie müssen nicht immer empathisch sein und von allen gemocht werden – stellen Sie Ihre eigenen Bedürfnisse auch mal in den Vordergrund, bestehen Sie auf Ihr Recht und trauen Sie sich, häufiger überzeugt „Ich" und „Nein" zu sagen.

Abschließend muss noch einmal betont werden, dass jeweilige Kommunikationsstile kein Schicksal, sondern Gewöhnung sind. Jeder hat die Fähigkeit, offen, direkt und doch empathisch zu kommunizieren – Sie müssen nur offen dafür sein. Beobachten Sie die Kommunikationsgewohnheiten anderer, gehen Sie darauf ein und erweitern Sie Ihr eigenes Repertoire. Und selbst wenn Frauen von der Venus und Männer vom Mars sind – vielleicht ist es an der Zeit, eine gemeinsame Kommunikationswelt auf der Erde zu schaffen?

2.10 Warum es Frauen auch nicht leicht haben

Einige der „typischen" Männerprobleme betreffen tatsächlich nur Männer: ob der Penis nicht so will wie sein Besitzer, ob der Mann sich in die Vaterrolle einfinden kann oder wie er den Kampf gegen seinen Bierbauch ansagt – all diese Themen lassen sich nur bedingt auf die Welt der Weiblichkeit übertragen. Aber trotzdem bleiben Bereiche wie Schönheitsideale, das Altern, die Sinnsuche, Kommunikationsprobleme, die Rolle als Eltern und Paar-Konflikte mit großen Schnittmengen zwischen beiden Geschlechtern.

Ebenso betrifft nicht jedes Problem jeden Mann: Vielleicht genießen Sie Ihr Sexleben in vollen Zügen, führen ausfüllende Gespräche mit Ihrer Partnerin, kommen mit Ihrem Alter gut zurecht – aber die Vaterrolle wartet noch auf Sie? Nicht alles trifft auf jeden zu und nicht jeder Mann kann zu 100 % in einem Ratgeber wiedergespiegelt werden. Auch wenn männliche Biografien ähnliche Grundlagen haben und daraus ähnliche Hürden entstehen können, gleicht kein Mann dem anderen, das muss an dieser Stelle herausgehoben werden. Suchen Sie sich daher aus den beschriebenen Hürden jene Facetten aus, in denen Sie sich wieder finden. Verallgemeinerungen, Stereotype und Schubladendenken können wir dabei nie ganz vermeiden, denn diese Weise, zu denken, strukturiert unsere Umwelt und vereinfacht ihre Verarbeitung. Achten Sie daher immer wieder auf Details und meiden Sie Vorurteile, sondern überprüfen Sie Ihre eigenen Geschlechterstereotype. Um feine Gemeinsamkeiten und Unterschiede sensibel erkennen zu können, folgt jetzt eine abschließende Kurzübersicht über „typische" Frauenprobleme, die aus einer weiblichen Sozialisation folgen können:

- Madonna und Hure: Frauen haben es schwerer, frei ihre Sexualität zu leben, wenn dies mit wechselnden Partnern geschieht. Noch immer geistert das Stigma der Schlampe umher, das ausschließlich auf Frauen angewendet wird – kein einfacher Spagat zwischen sexueller Selbstbestimmung und gesellschaftlicher Erwartungshaltung.
- Mutter und Karrierefrau: Klar, dieses Thema ist überall. Aber der Klassiker darf eben nicht unerwähnt bleiben. Noch immer gilt Erziehung als Frauensache, noch immer lässt die Kinderbetreuung zu wünschen übrig und vor allem in höheren beruflichen Positionen erlaubt das Zeitpensum schlicht und einfach keine Ruhepause. Vielleicht ist für die Männer an der Zeit, sich einzumischen und selbst die Elternzeit zu übernehmen?
- Partnerin und Mutter: Ähnlich wie bei Männern, ist auch für Frauen die Elternschaft eine Zeit der Umstellung. Eine veränderte Körperwahrnehmung, die Liebe zum Kind, die Liebe zum Partner, die zeitliche Belastung – Elternwerden ist für beide eine Herausforderung. Zusätzlich kann es für Frauen problematisch werden, weil sich bei vielen Paaren nach der Geburt die traditionelle Frauenrolle einschleicht: Obwohl es zeitlich nur befristet vorgesehen war, ist die Frau plötzlich langfristig für Haushalt und Kind „zuständig". Eine spätere Unzufriedenheit ist vorprogrammiert.
- Grübeln und Zweifeln: Dieses Thema wurde bereits im Kapitel „Kommunikation" angesprochen: Frauen denken mehr (nicht böse sein, liebe Männer!). Sie hinterfragen Gespräche und Aussagen, sie suchen nach versteckten Botschaften und grübeln, grübeln, grübeln – ganz schön anstrengend!
- Wenn es hängt und schrumpelt: Für beide Geschlechter können in diesem Kontext der mediale Druck sowie ein hoher Selbstanspruch für Selbstzweifel und Frustration

sorgen. Für Frauen wird das zusätzlich dadurch erschwert, dass der Wert der „Jugend" immer noch primär mit Weiblichkeit verbunden wird – ein Zwangskorsett, das Männer nicht in dem Maße betrifft.

- Der Kampf in der Welt der Männer: Wenn es um Karriere, Konkurrenz und Aufstiegschancen geht, müssen Frauen weiterhin oft mehr kämpfen als Männer. Viele können es schon nicht mehr hören, dieses ewige Leid der Feministinnen – aber vieles ist eben immer noch veränderungswürdig! Fangen Sie vielleicht bei sich selbst an und prüfen Sie Ihr Schubladendenken über Frauen und Männer.

Frauen haben andere Probleme als Männer – und doch sind sie sich so ähnlich. Die Geschlechter sind gar nicht so unterschiedlich, wie man annehmen mag, es bedarf nur einer sensiblen Betrachtung der Gemeinsamkeiten.

Um noch einmal anzugehen, was sich unter Männlichkeit überhaupt fassen lässt, folgt nun ein abschließender Überblick über biologische, psychodynamische und soziologische Grundlagen. Wie unterscheidet sich ein männliches Gehirn von einem weiblichen? Warum unterscheiden Sie sich und sind diese Unterschiede determiniert? Wie entwickelt sich die männliche Psyche und warum lassen sich Männer nicht über einen Kamm scheren? Am Ende können Sie für sich selbst beantworten: Was macht *meine* Männlichkeit aus?

3. Biologie des Mannes: Wann ist ein Mann ein Mann?

Zum Ende unserer Reise in das Leben eines Mannes steht noch einmal die zentrale Frage: *Wann ist ein Mann ein Mann?*

Die Frage scheint banal und ist doch weitaus tiefgehender, als Sie vorerst annehmen mögen. Ist ein Mann ein Mann, weil er einen Penis hat? Weil er mit tiefer Stimme spricht, einen Bart trägt, groß und stark ist? Ist er ein Mann, wenn er für seine Familie sorgt oder Vater wird? Oder genügt die Kombination aus einem X- mit einem Y-Chromosom und schon ist das Wunderwerk Männlichkeit produziert?

Die „typisch männlichen" Hürden eines Lebens haben bereits gezeigt, dass es vor allem gesellschaftliche Erwartungen, Rollenbilder, geschlechtlich konnotierte Beziehungsgeflechte und körperliche Voraussetzungen sind, durch die Männlichkeit konstruiert wird. Wenden wir uns nun dem materiellen Kern des Mannes zu: seinem Körper. Ein kurzer Einblick in das männliche Gehirn und die Rolle von Genen und Hormonen wird zeigen, was den Mann biologisch ausmacht – und warum er sich vielleicht gar nicht so sehr von der Frau unterscheidet.

Die Biologie bildet die Grundlage für populäre Bestseller der Unterhaltungsliteratur: Männer können besser einparken, Frauen hören besser zu, Männer sind mathematisch begabt und Frauen sozial besonders kompetent. Als naheliegende Erklärung für diese Unterschiede wird gerne und häufig das Gehirn herangezogen. Es unterscheide sich zwischen Männern und Frauen, weshalb bestimmte Fähigkeiten, Talente und Neigungen in einer Geschlechtskategorie deutlich stärker ausfallen. Dass uns diese neurobiologische Begründung sympathisch erscheint, liegt schlicht daran, dass sie leicht nachvollziehbar und vermeintlich unumstößlich ist. Die Biologie als

Wahrheitsinstanz kann damit als Argument für jeden Geschlechterunterschied gelten und zwängt Geschlechterrollen und Geschlechterverhalten umso mehr auf. Dass sich Männer und Frauen – neben ihren Geschlechtsteilen – biologisch unterscheiden, ist eindeutig: Männer sind im Schnitt 10 Zentimeter größer, haben mehr Muskelmasse, größere Hände und Füße, sterben sechs Jahre früher und bekommen häufige Glatzen und Schlaganfälle. Betrachtet man jedoch die geschlechtstypische Biologie detaillierter, fällt auf: Von Schicksal kann hier keine Rede sein. „Frau" und „Mann" kommen nicht derart vorprogrammiert zur Welt, wie es Medien und Belletristik gerne darstellen. Dies lässt sich am Beispiel des Gehirns einfach nachvollziehen: Zunächst ist festzustellen, dass das männliche Gehirn größer ist als das weibliche (aber bilden Sie sich darauf bitte nichts ein, liebe Leser – Größe ist schließlich nicht alles, was zählt). Zusätzlich sind die Areale des Fronthirns bei Männern durchschnittlich weniger stark entwickelt, weshalb es dem Individuum schwerer fällt, Impulse aus dem limbischen System zu kontrollieren. Das limbische System ist dabei für „das Tier in uns" verantwortlich: Es ist der zentrale Abschnitt des Gehirns, in dem Emotionen und Triebverhalten verarbeitet und entwickelt werden und ist daher besonders wichtig bei der Interaktion von Mensch und Umwelt. Außerdem reguliert es Emotionen, Motivation und Kreativität – und ist beim Mann durchschnittlich dominanter. Diese Fakten scheinen es zu bestätigen: Männer sind eben anders! Sie sind triebgesteuerter, animalischer und dominanter. Von wegen! Neben diesen Grundlagen muss beachtet werden, dass sich das Gehirn ständig entwickelt: Indem es auf Reize der Umwelt reagiert, entstehen Muster der neurobiologischen Verschaltung und damit automatisierte Reaktionsmuster. Das bedeutet: Unsere Erfahrungen bestimmen die Entwicklungen unseres Gehirns und damit seine Arbeitsweise. Je intensiver wir uns wiederum mit etwas beschäftigen – sei es eine Sportart, Mathematik oder Konversation – desto kräftiger werden die zuständigen Verbindungen unseres Hirns. Das Gehirn ist also nicht die Grundlage für männliches Denken oder Verhalten – sondern dessen Ergebnis. Erst dadurch, dass Mädchen und Jungen in der Gesellschaft unterschiedliche Erfahrungen machen, reift auch ihr Gehirn anders und sorgt für besonders ausgeprägte Fähigkeiten und Talente. Dass Menschen unterschiedlich behandelt werden, je nach ihrem Geschlecht, fällt uns im Alltag meist gar nicht mehr auf, weil es für uns selbstverständlich ist. Dabei geht es im Bezug auf die Reifung des Gehirns nicht um „die großen Fragen" von Karrierechancen für Frauen oder die neue Rolle des Vaters, in denen die Geschlechterfrage different behandelt wird. Viel mehr machen die kleinen Erfahrungen des alltäglichen Lebens den Menschen geschlechtlich: Ob ein Mädchen mit seiner Erzieherin in der Puppenecke spielt oder der Sohn mit seinem Vater zum Fußballtraining fährt – Mädchen und Jungen werden unterschiedlich behandelt. Ob ein Mensch aggressiv, selbstsicher, stark, mutig oder empfindsam, sozial und warmherzig ist, hängt maßgeblich von diesen Erfahrungen in den Interaktionen mit anderen ab. Besonders deutlich wird dieser Unterschied in den sogenannten Baby-X-Studien, die bereits 1975 durchgeführt wurde: Hier wurden Erwachsene in einer Situation mit einem Baby beobachtet, mit dem sie sich beschäftigen sollten. In dem ersten Durchlauf des Experimentes erwähnte der Forscher den Erwachsenen gegenüber nebenbei, dass das Baby weiblichen Geschlechtes ist. In einem zweiten Durchlauf wurden die Erwachsenen mit einem vermeintlich anderen Baby allein gelassen, dessen Geschlecht als männlich vorgestellt wurde. Dabei handelte es sich jedoch um das exakt gleiche Kind – die Versuchspersonen wussten jedoch nichts davon und dachten, sie spielten zuerst mit einem Mädchen und anschließend mit einem Jungen. Die Ergebnisse diese Studien waren deutlich: Durchschnittlich reagierten alle Erwachsenen auf das Mädchen mit mehr Anregung zu sozialem Kontakt und sozialem Spiel, während sich die Interaktion mit dem vermeintlichen Jungen auf die motorische Aktivität fokussierte. Das bedeutet, dass wir alleine durch die *Annahme,* unser Gegenüber hätte ein bestimmtes Geschlecht, mit dieser Person unterschiedlich umgehen. Dadurch werden Mädchen häufiger zum Spielen im eigenen Heim angehalten, während sich Jungs vermehrt draußen austoben, Mädchen entwickeln ruhigere und angepasste Verhaltensweisen, während Jungs zur stärkeren Aktivität neigen, Mädchen werden mit rosafarbenem, plüschigem Spielzeug beschenkt und Jungs mit Spielzeugautos, Fußbällen und Skateboards. Die Ausprägungen dieser geschlechtsspezifischen Erziehung sind natürlich verschieden – die Geschlechtsspezifität an sich ist allerdings immer vorhanden. Auch wenn wir es selbst nicht merken: Durch unser eigenes Verhalten reproduzieren wir Geschlechterbilder und tragen diese fort. Dies wirkt sich nicht zuletzt auf die Hirnstrukturen und erlernte Reaktionsmuster aus. Männer können nicht besser einparken – sie werden zu besseren Einparkern gemacht.

Neben dem Gehirn sind besonders die Gene und Hormone interessant, wenn es um die Betrachtung des biologischen Geschlechtes geht: Genetisch unterscheidet den Mann von der Frau nur ein einziger Buchstabe – das Y. Durch dieses Chromosom entwickelt sich ein Junge, während die 45 anderen Chromosomen ungeschlechtlich sind. Obwohl damit nur ein sehr geringer Anteil der genetischen Grundlage für die geschlechtliche Entwicklung verantwortlich ist, sind die Auswirkungen immens: Nur durch dieses Y-Chromosom reifen die Hoden des Ungeborenen, werden Spermien entwickelt und Testosteron produziert. Dieses einzige Chromosom setzt damit den Prozess der biologischen Männlichkeit in Gang, während besonders die daraus folgende Testosteron-Produktion verantwortlich ist für körperliche Merkmale, den Haarwuchs oder das Skelett. Dabei gilt Testosteron zwar als Männlichkeitshormon, jedoch kommt es ebenso bei Frauen vor – nur in geringerem Ausmaß. So haben Jungen etwa zehnmal mehr Testosteron als Mädchen, jedoch unterscheidet sich der Testosteronspiegel auch unter Männern erheblich. Ein Mythos ist dabei, dass Testosteron aggressiv macht – wissenschaftlich bewiesen ist lediglich, dass es zur Aktivität führt. Männer sind ihrem Testosteron auch nicht hilflos ausgeliefert, es führt jedoch zu einer größeren Bereitschaft bezüglich des Bewegungsdrangs, dem Wunsch nach Handeln und Bewirken und der Orientierung auf den eigenen Status. Mädchen wie Jungen lernen, mit diesen Reizen umzugehen und die eigene Aktivität zu regulieren. Da die Wirkung von Hormonen damit immer in die gesellschaftlich-moralische Umwelt eingebunden ist, sind sie keinesfalls der Herr im Hause des Mannes, sondern nur ein Baustein seiner Biologie. Bevor wir voreilige Schlüsse darüber ziehen, dass ein besonders männliches Verhalten durch Testosteron ausgelöst wird, sollten wir uns situativ fragen: Welche anderen Auslöser kommen in Frage, die das Verhalten ausgelöst haben könnten? Ob Prügelei in der Schule, Körperverletzung im Erwachsenenalter oder Untreue in der Partnerschaft – die Auslöser für diese vermeintlich typisch männlichen Verhaltensweisen sind weitaus vielfältiger, als es das Testosteron je sein könnte. Die Wirkung von Hormonen sollte daher nicht überschätzt werden, denn die Biologie alleine – so auch die Gene – machen den Mann nicht aus. Sein Handeln und Denken sind nicht von einer schicksalhaften Biologie vorbestimmt, sondern entstehen im Kontext seiner Umwelt. Bestimmte Geschlechtsunterschiede lassen sich zwar durch Gene und Hormone erklären – etwa ein besseres räumliches Sehvermögen durch die frühe Einwirkung von Testosteron –

jedoch werden diese Unterschiede erst durch Erfahrungen gefestigt und damit folgenreich.

Auch wenn uns die Biologie unumstößlich und logisch erscheint – macht sie den Mann tatsächlich zum Mann? Oder bietet sie nur eine Grundlage, die durch soziale Erfahrungen ausgestaltet wird? Bilden Sie sich selbst Ihre Meinung und erfahren Sie mehr zu den immensen Einflüssen der Umwelt im nächsten Kapitel.

4. Psychodynamik & Soziologie des Mannes

Aus psychodynamischer und tiefenpsychologischer Perspektive ist die frühe Kindheit die zentralste Entwicklungsphase, die uns als späteren Erwachsenen prägen. In den ersten Monaten und Jahren unseres Lebens entwickeln sich durch äußere Einflüsse und Bindungen Wahrnehmungsschemata und Verhaltensmuster, deren Wurzeln uns im Nachhinein nicht mehr bewusst zugänglich sind. Dabei unterscheiden sich die frühkindlichen Erfahrungen von Mädchen und Jungen in unserem Geschlechtersystem enorm, da die Kategorien „männlich" und „weiblich" omnipräsent sind und primär von den Eltern verkörpert werden. Dementsprechend lässt sich die Mann-Werdung nur nachvollziehen, wenn ein Blick auf die ersten Erfahrungen in einem Männerleben gelegt wird.

Von besonderer Bedeutung ist dabei die Bindung zur Mutter, der ersten Bezugsperson eines menschlichen Lebens. Nach den Monaten der Schwangerschaft und im Anschluss daran baut sich eine Verbindung zwischen Mutter und Kind auf, die in den ersten Lebensmonaten des Neugeborenen einer Symbiose ähnelt: Das Kind fühlt sich „eins" mit der Mutter und kann noch keine Trennung zwischen seinem Gegenüber und sich selbst vornehmen. Erst während der ersten Entwicklungsphase findet eine Loslösung statt, durch die das Kind eine eigene Identität aufbaut und das Getrennt-Sein von seiner Umwelt wahrnimmt. Diese Loslösung ist auch im Bezug auf die geschlechtliche Identität entscheidend: Die Eltern bieten hier beide Geschlechterrollen als Identifikationsfläche an, wobei das Kind bereits sehr früh durch Stimmlage, Körperhaltung usw. die Geschlechter unterscheiden kann. Eine Tochter kann ihre geschlechtliche Identität dabei entwickeln, indem sie sich mit der Mutter identifiziert und die anfängliche Symbiose zu einem Stück aufrecht erhalten kann. Der Sohn dagegen – und dieser

Unterschied führt zu zentralen Konsequenzen in der späteren Entwicklung – kann seine Geschlechteridentität nur aufbauen, indem er sich von seiner Mutter – der ersten und engsten Bezugsperson – loslöst. Er befindet sich demnach in einem Zwiespalt zwischen emotionaler Bindung und identifikationsbedingter Loslösung. Nur durch seine Distanzierung von der Mutter kann er seine eigene Männlichkeit – sein Anderssein – entwickeln. Auf der Suche nach männlichen Identifikationsfiguren sehen sich Jungen auch heute noch mit besonderen Hürden konfrontiert: Zum einen ist der Bereich der frühkindlichen Bildung, oft Kindertagesstätte oder Grundschule, überwältigend weiblich dominiert. Hier findet er also keine männlichen Rollenbilder die ihm als positives oder negatives Vorbild dienen könnten. Auch im familiären Bereich ist die Orientierung am Männlichen weiterhin problembehaftet: Zwar sind Väter in der Kindererziehung heute präsenter als etwa noch vor fünfzig Jahren, jedoch ist die Präsenz von Mutter und Vater im Durchschnitt alles andere als ausgewogen. Trotz der Aufweichung traditioneller Arbeits- und Familienmuster arbeiten Väter durchschnittlich häufiger und länger, nehmen sich weitaus seltener Elternzeit und sind dementsprechend im Alltag der Kinder weniger vorhanden. Durch diese unzureichende Präsenz und der fehlenden Beziehungsarbeit von Vätern fehlt auch die Möglichkeit der geschlechtlichen Identifikation für den Sohn – sie bleibt eine Aufgabe der Mutter. Für den Jungen werden bestimmte Seiten des Vaters seltener sichtbar: Schwäche, Traurigkeit oder Verletzlichkeit sind häufiger auf Mutterseite zu beobachten und stehen für den Sohn weniger in Verbindung mit seinem Vater. Dadurch entsteht ein einseitiges Vaterbild, das zum einen von seiner seltenen Präsenz, aber auch von einer vermeintlichen Stärke geprägt ist. Diese einseitige Vermittlung von männlichen Eigenschaften und Verhaltensweisen wird später durch die zunehmende Bedeutung der Medien verstärkt: Auch hier sind männliche Rollen weiterhin eindimensional gezeichnet und mit der Abwertung des Gefühlsbetonten und Heroisierung von Männlichkeit verbunden. Männer sind eben – so die unzureichende Darstellung – immer noch Helden, Versorger, sie sind stark, undurchdringlich und unabhängig. Obgleich gesellschaftlich von einem „neuen Männerbild" die Rede ist: Sehen Sie sich um, betrachten Sie bewusst Werbespots oder Kinofilme und fragen Sie sich, ob einem kleinen Sohn tatsächlich vielfältige Handlungsmöglichkeiten eröffnet werden oder doch eine eingeschränkte Form von Männlichkeit dargestellt wird. Selbstverständlich sind auch die Identifikationsmöglichkeiten für Mädchen eingeschränkt, die mit anderen geschlechtlich konnotierten Attributen konfrontiert werden wie Schönheit, Jugend, Empathie oder Hilfsbedürftigkeit. Jedoch konnten sie während ihrer ersten Lebensmonate auf ihre Mutter als Bezugs- und Identifikationsperson zurückgreifen, während der Sohn auf die vollkommene Auflösung seiner symbiotischen Beziehung zur Mutter angewiesen war und weniger Bindung zu seinem Vater aufbauen konnte.

Der männliche Zwiespalt zwischen Bindung und Loslösung verstärkt sich zwischen dem dritten und fünften Lebensjahr, wenn der berühmte Ödipus an Bedeutung gewinnt. Die mythische Sage um Ödipus gibt bereits einen Einblick in diese Entwicklungsstufe: Der Mythologie nach war Ödipus ein Königssohn, der in einem Handgemenge den König tötete, von dem er nicht wusste, dass es sein Vater war. Als Belohnung erhielt er dafür das Königreich und die verwitwete Königin zur Frau – also seine eigene Mutter. Diese beiden Schicksale des Vatermordes und des Inzestes wurden ihm von einem Orakel bereits voraus gesagt, doch er beging die Taten unwissentlich. Deshalb ist die allgemeine Annahme, Ödipus hätte sich in seine

Mutter verliebt und deshalb den Vater getötet, bereits mythologisch falsch. Ebenso ist der ödipale Komplex in der Psychologie nicht derart einseitig zu verstehen. Auch die klassische Theorie nach Freud, in der ein Sohn tatsächlich unterbewusste inzestuöse Gefühle zu seiner Mutter hegt, wurde von der modernen Psychoanalyse in Teilen relativiert. Die Grundlage des Beziehungsdreiecks zwischen Vater, Mutter und Sohn bleibt jedoch erhalten und wird auch von der heutigen Psychologie so vertreten: Der Sohn strebt im Sinne seiner geschlechtlichen Identifikation nach seinem Vater und sucht dessen Liebe und Anerkennung. Unterbewusst werden diese Gefühle jedoch mit der ehemaligen Symbiose zur Mutter vermischt: Mit ihr verbindet den Sohn immer noch eine enge Bindung, weshalb zum Vater Gefühle von Neid und Konkurrenz entwickelt werden können. Der Sohn befindet sich in dieser Phase also zwischen Liebe und Heroisierung und Konkurrenzgefühlen zu seinem Vater. Es geht also weder um tatsächliche, bewusste sexuelle Gefühle zur Mutter noch um einen vermeintlichen Hass gegenüber des Vaters – sondern nur um die konfliktreiche und zwiespältige Beziehung eines Sohnes in der Triade mit seinen Eltern.

Die Entwicklung der männlichen Geschlechtsidentität findet schließlich einen weiteren Höhepunkt in der Pubertät. In dieser Zeit hat das „Es", also das unterbewusste Triebgefühl, das Sagen. Das „Über-Ich" als moralische Instanz und das „Ich" als Vermittler zwischen diesen beiden Polen befinden sich noch in der Entwicklung und rücken durch die starken hormonellen Schübe der Pubertät in den Hintergrund. Das „Es" dagegen ist auf der Suche nach Extremen, nach Erfahrung, nach Gefühlshöhepunkten und nicht zuletzt nach dem ersten Ausleben der Sexualität. Hier prägt sich wiederum ein großer Teil des männlichen Sexualverhaltens: Immer noch mit dem Blick auf männliche Identifikationspersonen wird der junge Mann mit einer übersexualisierten Welt konfrontiert, in der die Pole „männlich" und „weiblich" besonders in der Sexualität gegensätzlich dargestellt werden. Gerade in Zeiten, in denen pornographische Portale ohne Altersprüfung oder sonstige Hürden zugänglich sind, zeigt sich dem Jungen ein völlig unzureichendes Bild von Sexualität: Die Dominanz des Mannes, der Fokus auf sein „Stehvermögen" und seine „Ausstattung", die Unterwerfung der Frau, ihre Passivität und die Überzeichnung ihrer körperlichen Attribute zeichnen eine Vorstellung von Sexualität, die mit Gleichwertigkeit oder Gefühlsbetonung nichts gemein haben. Die sexuelle Identifikation mit sexualisierten Figuren wie jene in dieser eindimensionalen Pornographie geht an dem jungen Mann nicht spurlos vorbei. Selbstverständlich übernehmen junge Pornokonsumenten nicht eins zu eins die Darbietungen der Filmchen in ihre eigenen Vorstellungen und Praktiken. Trotzdem ist die Wirkung nicht zu unterschätzen, die das Material zur Selbstbefriedigung eines Dreizehnjährigen auf seine Vorstellung von Sexualität und Männlichkeit hat. Insbesondere eine wachsende Oberflächlichkeit und entsprechende Selbstzweifel oder Potenzängste können sich in dieser Phase einstellen.

All diese Punkte der psychodynamischen Entwicklung eines Jungen und der sexuellen Entwicklung Heranwachsender – die natürlich nicht das Gesamtbild der Mann-Werdung wiederspiegeln können – lassen sich mit der Erwachsenen Form von Männlichkeit verbinden: Psychologisch gesehen verlagert sich das frühere Mutter-Sohn-Verhältnis auf das erwachsene Verhältnis zwischen Mann und Frau. Während der Sohn eine enge Verbindung zu seiner Mutter hatte, sich aber von ihr zwecks der eigenen Entwicklung und Abgrenzung von ihr loslösen musste, wiederholt sich dieses Muster gegebenenfalls in einem Verhältnis zwischen Nähe und Distanz zu seiner Partnerin. Auf der einen Seite sind emotionale Abhängigkeit und eine tiefe Bindung vorhanden, auf der anderen Seite führen die männlichen Erfahrungen zu einem Drang nach Distanzierung. Diese psychodynamischen Grundlagen bedeuten nicht, dass Sie als Mann ständig dazu neigen, sich von Ihrer Partnerin zu distanzieren, sexuelle Ängste zu spüren oder in Konkurrenz zu Ihrem Vater treten. Sie können allerdings erläutern, wie auch nur schwach ausgeprägte Verhaltensweisen gegenüber Frauen oder gelegentliche sexuelle Versagensängste zustande kommen können, um die eigene Mannwerdung besser nachzuvollziehen.

Einen besonders interessanten soziologischen Blick auf den Mann bieten die Erkenntnisse von Robert W. Connell, einem der bekanntesten Männerforscher. Sein Verdienst war es in erster Linie, die Unterschiedlichkeit von Männern zu betonen – und nicht von einer vermeintlich homogenen Masse von Männern du sprechen, die sich in ihrem Verhalten und ihren Eigenschaften vermeintlich ähneln. Nebenbei: Robert W. Connell hat Jahrzehnte als Mann gelebt und geforscht, sich dann aber zu einer Geschlechtsumwandlung entschieden und lebt nun als Frau namens Raewyn Connell. Sie kennt also beide Perspektiven auf unsere Gesellschaft: Vom Blickwinkel einer Frau und von dem eines Mannes. Nach Connell ist Männlichkeit weder primär das Chromosomengefüge noch Hormone oder die Genitalien – viel mehr bezeichnet sie Männlichkeit als soziale Praxis. Die Männlichkeit wird also über das Verhalten hergestellt und dargestellt und zeigt sich auch in dem Verhältnis verschiedener Männer zueinander. Demnach gibt es nicht nur *eine* Form von Männlichkeit, sondern mehrere Formen, die in Interaktionen zusammentreffen: Dem männlichen Ideal entspricht dabei die „hegemoniale Männlichkeit", wie Connell sie nennt. Hegemonie bezeichnet im Allgemeinen das, was in einem aktuellen gesellschaftlichen Diskurs oder System die Deutungsmacht hat beziehungsweise eine übergeordnete Stellung. Der hegemoniale Mann ist in unserer Gesellschaft also weiß, geht einer gut bezahlten Arbeit nach, ist heterosexuell, durchsetzungsfähig und in einer Machtposition. Doch dieser hegemonialen Form entsprechen nur die wenigsten Männer, da das Geschlecht immer in Verbindung zu anderen Kategorien steht wie Alter, Herkunft, Hautfarbe, Religion, sexuelle Orientierung, sozialer Schicht oder Bildung. Die beste Machposition nach der hegemoniale Mann – so Connell – und sobald bestimmte Kategorien von dieser Form abweichen, stehen diese Männer hierarchisch unter der hegemonialen Form. Auch wenn diese Theorie sehr soziologisch angelegt ist und in diesem Rahmen wirklich nur angeschnitten werden kann, wird dadurch eines deutlich: Männer sind nicht gleich, auch nicht auf der gesellschaftlichen Ebene. Je nachdem, mit welchen Ressourcen und Zuschreibungen Männer ausgestattet sind, verändert sich ihre hierarchische Position im Gefüge von Männlichkeit als soziale Praxis. Diese Hierarchie zeigt sich in den alltäglichsten Situationen: Ob es der schwule Fußballer ist, der von seinen Teamkollegen gemieden wird, ob es der Arbeitslose ist, der gesellschaftlich abgewertet wird, oder ob ein Migrant aufgrund seiner Nationalität Diskriminierungen erfährt – es gibt nicht „den Mann", der in der gesellschaftlichen Hierarchie oben stünde. Diskriminierungen, Ausgrenzungen und Mobbing finden aufgrund zahlreicher Merkmale statt und treffen Männer genauso wie Frauen. Nur: Da viele Männer nach dem hegemonialen, starken und mächtigen Ideal streben, geben sie diese Ausgrenzung seltener zu, auch nicht sich selbst gegenüber. Die Männlichkeit als soziale Praxis ist demnach ein vielfältiges Zusammenspiel unterschiedlicher sozialer Identitäten, innerhalb dem Verallgemeinerungen schlecht möglich sind. Es darf jedoch nicht außer Acht gelassen werden, dass Männer, die der hegemonialen Form nicht entsprechen – und das sind fast alle – regelmäßig auf kleine oder große Formen der Ausgrenzung stoßen (abschätzige Blicke auf fehlende Muskeln im Fitnessstudio, Imponiergehabe am Arbeitsplatz oder Konkurrenz um Frauen). Die veraltete Zuschreibung Mann = Täter und Frau = Opfer trifft also nicht zu. Männer haben es schwer – auch im Umgang miteinander.

Ob Biologie, Psychologie oder Soziologie, diese kurzen Einblicke haben gezeigt, dass das Geschlecht unglaublich vieldimensional ist. Hormone spielen eine zentrale Rolle in der körperlichen Entwicklung, während sich die neurobiologische Entwicklung des Gehirns vor allem an äußere Einflüsse anpasst und sowohl psychologische wie auch soziologische Aspekte von Männlichkeit von der Erziehung, der Sozialisation und gesellschaftlichen Werten, Normen und Zuschreibungen verbunden sind. Weg von dem eingeengten Blick auf den Penis, ist Männlichkeit also vor allem eins: **Das, was Sie tun.** Das bedeutet: **Schaffen Sie Ihre eigene Form von Männlichkeit, möglichst unabhängig von den Erwartungen anderer und oberflächlicher Stereotype.** Das Ausleben unserer Geschlechtsrolle wird von uns selbst tragend mitbestimmt und ist nicht an vermeintliche biologische Voraussetzungen gebunden. Wenn Sie sich in Ihrer männlichen Rolle wohlfühlen, weil Sie Elternzeit nehmen und Ihre Funktion als Vater erfüllen oder wenn Sie sich wohlfühlen, wenn Sie als einsamer Wolf mit dem Rucksack durch Irland streifen – **Männlichkeit ist, was glücklich macht.**

5. Schlusswort

Die Biologie, die Erziehung und die Sozialisation machen den Menschen zu dem, was er ist. Dabei bieten die Rahmenbedingungen und die Umwelt besondere Hürden, aber auch Lösungsmöglichkeiten für jene, die mit ihrer Männlichkeit konfrontiert werden. Abschließend noch einmal die zentralen Erkenntnisse unserer Reise in die Welt der Männlichkeit, kurz zusammengefasst:

- Die Triade zwischen Vater, Mutter und Kind sucht nach produktiven Bewältigungsstrategien. Nicht nur Eltern zu sein, sondern auch ein Paar zu bleiben, ist eine große Herausforderung. Beteiligen Sie sich an der Schwangerschaft, umsorgen Sie Ihre Partnerin und vergessen Sie sich dabei nicht selbst. Das Wichtigste dabei: Kommunizieren Sie, treffen Sie Absprachen und betreiben Sie Teamwork.

- Ob hässlich oder alt: Diese negativen Bewertungen von Äußerlichkeiten sind auch nur gesellschaftlich konstruiert. Zufriedenheit mit dem eigenen Körper und Aussehen resultiert aus der eigenen Einstellung, nicht aus gesellschaftlichen Zuschreibungen. Auch die Midlife-Crisis lässt sich produktiv nutzen, indem Sie Bilanz ziehen, neue Hobbies anstreben, Ihre Partnerschaft neu entdecken und sich selbst reflektieren. Bewahren Sie dabei immer das Gleichgewicht zwischen Selbstanspruch und Möglichkeiten – und erfinden Sie sich neu.

- Sex ist Teamwork: Auch wenn der gesellschaftliche Anspruch an die männliche Sexualität höher sein mag als jener an die weibliche Sexualität – nehmen Sie das Thema nicht zu ernst. Behalten Sie stets Freude, Spiel, Offenheit und Spontanität im Blick. Und auch wenn es mal einige Monate nicht so gut läuft: Leidenschaft lässt sich neu entfachen. Machen Sie sich dabei nicht vorschnell Sorgen über mögliche körperliche Ursachen für Probleme, denn häufig sind Stress und Belastung einer die Gründe für eine sexuelle Flaute.

- Kommunizieren Sie klar und deutlich: Erkennen Sie an, dass Frauen eine andere Form der Kommunikation erlernen als Männer. Nutzen Sie diese Unterschiede, lernen Sie von Ihrer Frau und lassen Sie diese an der eigenen Kommunikationswelt teilhaben. Wer sich durchsetzen, aber auch mal nachgeben kann, wer empathisch ist, die eigenen Wünsche aber nicht übersieht, wer über die persönlichen Gefühle spricht, diese aber nicht totredet – der hat gute Karten im Mienenfeld der Kommunikation.

- Überschätzen Sie die Biologie nicht: Männliches Verhalten und männliche Talente sind nicht schicksalhaft vorbestimmt. Zwar legen Gene und Hormone die Grundlagen für die männliche Entwicklung, jedoch entwickeln sich Fähigkeiten erst mit der Zeit. Nutzen Sie dieses Potential der Gehirnentwicklung beispielsweise in der Erziehung Ihrer Kinder: Üben Sie einen ganzheitlichen Blick, weg von Geschlechterstereotypen und fördern Sie vielfältige Talente, die der geschlechtlichen Zuschreibung auch mal widersprechen dürfen.

- Jungs haben es manchmal schwerer: Ihnen fehlt es an männlicher Identifikation und sie stehen bezüglich ihrer Mutter im Zwiespalt zwischen Nähe und Loslösung. Reflektieren Sie Ihre eigene Kindheit, seien Sie als Vater präsent und bieten Sie Ihren Kindern ein breites Repertoire an produktiven Verhaltensweisen – und zeigen Sie dabei auch Schwäche.

- Mann ist nicht gleich Mann: keine Entwicklung gleicht der anderen. Mächtige Männer, arme Männer, immigrierte Männer, schwule Männer, alte Männer und arbeitslose

Männer - der Status „Mann" ist immer mit anderen Zuschreibungen verbunden. Diese Differenzen müssen wahrgenommen und respektiert werden. Machen Sie Ihr eigenes Selbstbild als Mann dabei nicht von konstruierten Zuschreibungen abhängig, sondern suchen Sie Ihre ganz persönliche Definition von gelungener Männlichkeit.

Männlichkeit ist ein unendliches Feld. Ob nun das Testosteron oder die Erziehung für die Mannwerdung verantwortlich ist – dieser kurze Ausflug in das Leben von Männern, in ihre gesellschaftliche Einbettung und individuelle Probleme soll für Sie als Anstoß zum Nachdenken dienen: Passen Sie wirklich in eine Schublade? Sind die Lösungen für Konflikte nicht manchmal näher, als man denkt? Und: Was macht *Sie* nun eigentlich zum Mann?

Wenn auch noch soviel ungeklärt ist bei der Frage nach dem Mann - eins ist sicher. Um es mit den Worten von Herbert Grönemeyer - mit dem wir in dieses Buch eingestiegen sind - auch zu beenden: *„Männer sind auch Menschen"*.

Ich hoffe, Sie hatten eine unterhaltsame und informative Reise zum Planeten Mars,

Ihre Madame Missou

Literaturhinweise und weitere Bücher, die Ihnen gefallen könnten:

- Böhnisch, Lothar (2004): Männliche Sozialisation. Eine Einführung.
- Bourdieu, Pierre (2005): Die männliche Herrschaft.
- Connell, Raewyn (1999): Der gemachte Mann. Konstruktion und Krise von Männlichkeiten.
- Hagemann-White, Carol (1984): Sozialisation: Weiblich – männlich?
- Hüther, Gerald (2009): Männer. Das schwache Geschlecht und sein Gehirn.
- Kreher, Thomas (2007): „Heutzutage muss man kämpfen". Bewältigungsformen junger Männer angesichts entgrenzter Übergänge in Arbeit.
- Löw, Martina; Mathes, Bettina (Hrsg.) (2005): Schlüsselwerke der Geschlechterforschung.
- Winter, Reinhard (2011): Jungen. Eine Gebrauchsanweisung. Jungen verstehen und unterstützen.
- *http://www.eltern.de/familie-und-urlaub/familienleben/vaeter-2014.html:* Väter 2014. Zwischen Wunsch und Wirklichkeit.

6. Anhang, Rechtliches und Impressum

Wie hat Ihnen dieses Buch gefallen?

„Nicht gemeckert ist genug gelobt!" - dieses kleine Sprichwort kennen die meisten von uns nur allzu gut (aus der Schule, Familie, Firma...). Doch gerade ein kleines Lob kostet den „Sender" nicht viel und spendet dem „Empfänger" unendlich viel Energie! Wenn Ihnen also mein kleiner Ratgeber gefallen und geholfen hat, freue ich mich riesig auf Ihre Bewertung in den Rezensionen bei Amazon. Natürlich ist hier nicht nur positives sondern auch negatives Feedback willkommen (positives aber besonders gerne). Beides hilft mir weiter, dieses Buch kontinuierlich zu verbessern und – dank Ihrer Anregungen – zu erweitern. Also geben Sie sich einen Ruck und schenken Sie mir nun noch 1-2 Minuten Ihrer Zeit für ein Feedback zum Buch auf Amazon.de – **ich danke Ihnen vielmals!**

Über die Autorin Madame Missou

Madame Missou – 1960 in Bamako (Mali) als Tochter des französischen Botschafters und einer argentinischen Botanikerin geboren – hat Kultur und Kunstgeschichte an der Université Paris-Sorbonne studiert. Im Alter von 25 Jahren zog es Sie in die neue Welt. In New York eröffnete Sie die Galerie *„Madame Missou`s Best World Arts"* und spielte in diversen Musicals Haupt- und Nebenrollen. Anfang der 90er Jahre verkaufte Sie ihre Galerie und verlagerte ihren Lebensmittelpunkt nach Europa. Zunächst lebte sie für einige Jahre in Lissabon, Kopenhagen, Moskau und London bis sie sich 1999 entschied dauerhaft nach Berlin zu ziehen. Hier lebt Sie mit Ihrer Familie seit nunmehr fast 15 Jahren glücklich in Ruhe und führt ein erfolgreiches Leben als Schriftstellerin, Lebenstrainerin, Beraterin und Künstlerin. Es sind bereits zahlreiche Bestseller-Ratgeber von ihr, vornehmlich zu typischen Frauenthemen, erschienen. Darunter auch das kleine Buch, was Sie nun in den Händen halten.

Wenn Sie mehr von Madame Missou wissen wollen, informieren Sie sich doch z.B. auch auf der Website www.MadameMissou.de oder auf Facebook: www.facebook.com/MadameMissou

Rechtliches und Impressum

Wir sind bemüht alle Angaben und Informationen in diesen Buch korrekt und aktuell zu halten. Trotzdem können Fehler und Unklarheiten leider nie vollkommen ausgeschlossen werden. Daher übernehmen wir keine Gewähr für die Richtigkeit, Aktualität, Qualität und Vollständigkeit der vorliegenden Unterlagen. Für Schäden, die durch die (Nicht-) Nutzung der bereitgestellten Informationen mittel- oder unmittelbar entstehen, haften wir nicht, so lange uns nicht grob fahrlässiges oder vorsätzliches Verschulden nachgewiesen werden kann. Für Hinweise auf Fehler oder Unklarheiten an info@madamemissou.de sind wir Ihnen dankbar.

Mögliche Ähnlichkeiten oder Verwechslungen von fiktiven Charakteren in diesem Buch mit realen Personen sind unbeabsichtigt und ohne realen Bezug.

Alle Texte und Bilder dieses Buches sind urheberrechtlich geschütztes Material und ohne explizite Erlaubnis des Urhebers, Rechteinhabers und Herausgebers für Dritte nicht nutzbar.

Alle etwaigen, in diesem Buch genannten Markennamen und Warenzeichen sind Eigentum der Rechtmäßigen Eigentümer. Sie dienen hier nur zur Beschreibung der jeweiligen Firmen, Produkte bzw. Dienstleistungen.

Madame Missou wird vertreten durch die

Maracuja GmbH
Laerheider Weg 13
47669 Wachtendonk
info@madamemissou.de
Coverdesign by Claudia Braun, extenso.de
Copyright Coverbild: like.eis.in.the.sunshine, photocase.de